손가락으로 바위를 뚫어라

초판 1쇄 인쇄 | 2022년 2월 15일
초판 1쇄 발행 | 2022년 3월 2일

지 은 이 | 나병선
발 행 인 | 박창용
발 행 처 | 도서출판 동아문화사
등   록 | 1991년 6월 1일 No.1-176
주   소 | 대구광역시 달서구 장기로65길 11-9(장기동 840-6) 우편번호 42699
연 락 처 | Tel. 053.252.9060 Fax. 053.257.5446
저작권자 | ⓒ 나병선, 2022 / 010.3357.2798, / nbs5782@daum.net

저자와 출판사의 허락 없이 내용 일부를 인용하거나 발췌하는 것을 금합니다.
좋은 독자가 좋은 책을 만듭니다. 잘못된 책은 교환해 드립니다.

값 12,000원

ISBN 979-11-89130-18-3

손가락으로 바위를 뚫어라

나병선 지음

Contents

010 | 서문 – 나는 무엇을 남길 것인가

제1장
내 안의 나를 깨운다_013

014 | 나는 누구인가
014 | "나는 누구인가? 어디로 가고 있는가?"

018 | 내가 만난 세상
018 | 이 땅의 비극 6·25전쟁
019 | 정감 어린 고향, 옥과

025 | 땔감을 팔아 밥을 먹다
025 | 이름 모를 병으로 생사를 넘나들다
027 | 손가락 골절상으로 인한 마음의 상처들
029 | 농사일을 시작한 소년 시절
031 | 땔감을 팔아 끼니를 해결하다
033 | 광주 양동시장 옷가게 점원이 되다
034 | 고모님 댁에서 끼니를 해결하다

037 | 찐빵으로 다닌 학교
037 | 늦게 시작한 학교생활
041 | 농업고등학교 시절
042 | 장학금으로 송아지를 받다

제2장
고난의 여정_045

046 | 가난한 나라, 가난한 나
046 | 보릿고개
047 | 내려가야 올라올 수 있다

050 | 낯선 곳으로의 유학
050 | 제2의 고향, 부산
053 | 대학 시절

057 | 생계를 위한 사회생활의 첫걸음
057 | 울주군 두광중학교에서
061 | 그리고 언양 중·고등 학교에서

제3장
손가락으로 바위를 뚫어라_063

064 | 운명의 멘토를 만나다
064 | 손가락으로 바위를 뚫어라
068 | 자랑스런 우암인 모범공무원상을 수상하다

070 | 공직은 나의 사명이었다
070 | 꿈과 희망을 주신 부모님의 밥상머리 교육
079 | 직업인으로서 공직자의 길에
081 | 10년 세월을 보낸 시련의 포항 시절

090 | 청춘을 불사르다
- 090 | 첫 발령지 경북농업기술원
- 094 | 본청 양정과 시절
- 097 | 지방공무원교육원 시절
- 098 | 상정과에서의 시련
- 100 | 도정의 핵심부서, 기획관리실에서
- 102 | 사무관 승진의 기쁨
- 103 | 국무총리실 파견근무를 자청하다
- 107 | 노원구 상계동에서의 단상들
- 109 | 자치행정과 행정계장
- 113 | 인재양성과장 시절

117 | 성숙해진 나를 발견하다
- 117 | 내무부 지방행정연수원 중견간부 양성과정
- 121 | 지방혁신인력개발원 고급리더과정

137 | 열정과 도전의 시간들
- 137 | 삼백의 고장, 상주
- 141 | 현장 행정에 집중하다
- 144 | '교육도시 상주'를 꿈꾸다
- 146 | 상주 세계대학생승마선수권대회
- 149 | 정부 '고향의 강' 시범사업 추진
- 153 | '자전거 도시, 상주'를 위한 열망
- 155 | 상주 충렬사에서 임란공신 추모 제향
- 156 | 기나긴 공직생활을 마감하다

제4장
인생 2막_159

160 | 기업과 경제를 익히다
160 | 3년 임기의 기업지원단장 발령
162 | 직원 워크숍으로 업무를 시작하다
163 | 청년창업 CEO 육성 & 기업체 지원
166 | 중소기업의 경쟁력 강화에 진력하다
168 | 경북테크노파크의 변화와 혁신을 외치다
170 | 보람과 회한이 함께한 경북테크노파크

175 | 대학 강단에서
175 | 산학협력 초빙교수 부임
180 | 대학 가족기업과 함께하다
183 | 행정대학 겸임교수
184 | 대구사이버대학교에서

187 | 부동산중개업 & 행정사 개업

제5장
지금 순간을 행복하게_193

194 | 행복의 원천인 나의 가족
194 | 사랑하는 아내와 두 딸
197 | 좋은 남편, 자상한 아버지가 되자

199 | **대구에서의 기억들**

208 | **지금 더 행복해지자**

제6장
꿈을 이루려면_211

212 | 목표를 설정하라
212 | 목표는 왜 필요한가
214 | 목표는 어떻게 정하나

216 | 끊임없이 책을 읽어라
216 | 책을 읽는다는 것
220 | 어떻게 읽을 것인가
222 | 책 읽기는 글쓰기다

223 | 대인관계를 중시하라
223 | 대인관계를 어떻게 잘할 수 있나
225 | 대인관계는 타자와의 소통에서 시작한다
227 | 대인관계를 잘하려면 듣기를 잘하라

228 | 마음껏 상상하라
228 | 상상한다는 것
229 | 상상력을 발휘하려면

**제7장
또 다른 나를 찾아서_231**

232 | 의미 있는 삶이란

236 | 건강하게 산다는 것

241 | 끊임없이 배운다는 것
241 | 배움이란 무엇인가
242 | 대학원 석사과정
244 | 그리고 박사과정

247 | 무엇을 남길 것인가
247 | 모든 일은 지금부터다
249 | 95세 할아버지의 일기
251 | 이런 사람으로 기억되자
253 | 새로이 적어본 나의 사명서

서 문

나는 무엇을 남길 것인가

　살아오는 동안 머릿속에서 떠나지 않았던 물음이 있다. '나는 세상에 무엇을 남길 수 있을까?' '사람은 왜 사는가?' '삶을 어떻게 살아야 할까?' 그리고 그 궁금증에 대한 대답은 '의미 있게 사는 것'이라는 생각을 한다. "네 삶이 의미 있었는가?"라고 누군가 묻는다면 매순간 그랬다고는 대답할 자신이 없다. 하지만, 공직자로서 오직 한길을 걸으며 열심히 살아온 것만은 분명한 것 같다. 하여 지나온 삶의 궤적을 따라 나의 이야기를 전하고자 하는 마음에서 이 글을 쓰게 되었다.

　나는 전라남도 곡성의 전형적인 농촌 마을에서 태어나 그곳에서 농업고등학교를 다녔다. 그리고 부산으로 전학을 하면서부터는 또 다른 삶의 길을 걸어왔다. 부산에서 대학을 졸업하고 주경야독으로 대구에서 석사, 박사 과정을 마쳤으며, 혈혈단신으로 포항에 정착하여 공무원 생활을 시작했다. 이후 경북도청에서 23년을 보냈고, 상주시 부시장직을 끝으로 공직생활을 마무리했다. 그 이후에는 경북테크노파크에서 기업지원단장으로 일했다. 그리고 대학 강단에서 학생들과 함께하였다. 어찌 보면 내 인생의 기나긴 여정은 전라도와 경상도로 나누어 볼 수도 있겠다. 호남이 나를 낳았고, 영남이 나를 키워준 것이다.

돌이켜보니 지난 33년여의 공직생활이 가장 의미 있는 일로 다가온다. 물론 순탄하지 않은 공직생활이었다. 많은 시행착오를 겪었고, 무한경쟁 사회에서 살아남기 위해 몸부림쳤다. 삶의 고비마다 후회와 절망이 앞을 가로막았지만 "포기하지 않으면 불가능은 없다."라는 어느 유명 인사의 말처럼, 결코 포기하지는 않았다. 그러한 신념이 오늘의 나를 있게 한 원동력이 된 것 같다.

대학에 있을 때는 연구실에서 학생들과 밤늦도록 토론을 이어갔다. 대학 강의를 통해 젊은 청춘들의 생각을 읽게 되었고, 그것은 내게 특별한 경험이자, 또 하나의 의미 있는 일이었다. 한동안은 사회봉사의 일환으로 대구 시내 중·고등 학교 학생들에게 책읽기를 주제로 특강을 하기도 했다. 주제는 책읽기였지만 내가 살아온 지난 일들을 함께 소개했다. 그때마다 나는 그들에게 '꿈과 비전을 가지라'는 주문을 했다.

이 세상은 혼자서 살아갈 수가 없다. 나 역시도 많은 사람들과 인간관계를 맺고 도움을 받으며 여기까지 왔다. 이젠 동시대를 살아가는 사람들에게 내가 조그마한 도움이라도 드릴 수 있으면 좋겠다는 마음을 담아 이 책을 쓴다. 이 책을 접하는 분들이 나의 이야기를 타산지석으로 삼을 수 있기를 바란다.

2022년 2월
봄을 기다리며

손가락으로 바위를 뚫어라

1

내 안의 나를 깨우다

나는 누구인가 14
내가 만난 세상 18
땔감을 팔아 밥을 먹다 25
찐빵으로 다닌 학교 37

나는 누구인가

"나는 누구인가? 어디로 가고 있는가?"

이 원론적 질문에 20, 30대 무렵에는 답을 내놓지 못했다. 이제 많은 시간이 지나고 보니 내가 누구인가를 조금은 알 것 같다. 그리고 지금의 나라는 존재가 있음에 감사한다. 앞만 보고 달려온 지난 세월을 반추해 보려니 생각이 많아지기도 하지만 후회, 회한과 함께 자랑스러움이 교차한다.

우리는 출생에서 죽음에 이르기까지 유한한 시간을 살다 간다. 나 자신이 없는 세상은 상상하기 어렵다. 그래서 우리 각자의 존재는 소중하다. 지구상의 그 어떤 존재보다도 소중하다는 것을 새삼 깨닫게 된다.

이 세상을 살아가는 모든 사람은 의미가 있다. 성공한 사람만이 의미가 있는 것은 아니다. 성공과 실패는 매 순간 반복을 거듭한다. 무슨 일을 하며 살든 특정 분야에서는 저마다 그 쓰임새가 빛나기 마련이다. 중요한 것은 거기에 어떤 가치를 부여하느냐 하는 것이다.

내 성격은 매우 내성적이었다. 유년 시절을 그런 성격으로 보냈다. 태생적인 영향이 있었겠지만 몇 가지 이유가 있었다. 초등학교 3학년 때 손가락 골절 사고가 그중 하나이고, 초등학교 졸업 후 만 3년이 지나서야 중학교에 진학한 것이 또 한 가지 이유라 하겠다. 좀 더 적극적이고 활동적인 성격으로 바꾸고 싶었다. 내면에 잠재된 근본 성격이야 변하지 않는다고 하더라도 노력하면 조금은 더 좋은 방향으로 바꿀 수 있지 않을까를 항상 생각했다. 다만, 내 성격에 관해 좋고 나쁨을 구분하지는 않았다. 장점도 있다는 걸 알았기 때문이다.

33년 공직에 있으면서 나는 내 말을 많이 하는 것보다는 다른 사람의 의견을 더 많이 듣는 것이 인간관계에서 플러스 요인임을 알게 되었다. 그것이 좋은 인간관계를 맺는 기본이라는 것도 알게 되었다. 나는 지금도 좋은 인간관계를 맺기 위해 무척 애를 쓰는 편이다. 그리고 나에게 주어진 일을 끝까지 완수해야 내 마음이 흡족해진다는 점도 발견했다.

사회생활을 하면서 내성적이던 내 성격은 많이 변했다. 일단 저지르고 보는 면들이 많아졌다. 무모하게 보일 정도로 신속한 행동과 잘못될 수도 있을 것 같은 일에도 우선 결정을 해놓고 추진하는 행위들은 나의 일단을 여과 없이 보여주는 모습이라 하겠다. 그리고 보니 어쩌면 나에게는 '도전'이라는 DNA가 있었던 것 같다. 한때는 전전 긍긍하는 일들이 다반사였다면 언제부터인가 하고 싶은 일을 하지 못해 결정을 미루는 일은 없어졌다. 1980년대 초 포항에서 공직생활을 할 때 경북대학교 행정대학원 석사과정에 입학한 것이 그렇고, 경북도청 초임 사무관 시절 국무총리실 파견근무를 자청한 것도 그렇다.

온전한 나로 살아간다는 것은 어렵지만 소중한 일이다. 어떻게 하면 더 멋진 나로 살아갈까를 끊임없이 생각하며 먼 훗날 좋은 모습의 나로 남고 싶다. "굶어 죽을 일은 없으니 하고 싶은 일을 마음껏 하라."는 어느 저명인사의 글이 생각난다. 하고 싶은 일을 열심히 한다는 것은 복 받은 일이다. 이 시대를 살아가는 우리에게 필요한 말이다. 열심히 일한다는 것은 열정이 중요하다. '열정이 식지 않도록 나만의 노하우로 하루하루를 의미 있게 사는 것'은 나의 소명이자, 간절한 바람이다. 온전한 나로 살아가는 데 흐트러짐이 없기를 다시금 다짐한다.

시인 윤동주는 '자화상'이란 시에서

>산모퉁이를 돌아 논가 외딴 우물을 홀로 찾아가선
>가만히 들여다봅니다.
>
>우물 속에는 달이 밝고 구름이 흐르고 하늘이 펼치고
>파아란 바람이 불고 가을이 있습니다.

그리고 한 사나이가 있습니다.
어쩐지 그 사나이가 미워져 돌아갑니다.

돌아가다 생각하니 그 사나이가 가엾어집니다.
도로 가 들여다보니 사나이는 그대로 있습니다.

다시 그 사나이가 미워져 돌아갑니다.
돌아가다 생각하니 그 사나이가 그리워집니다.

우물 속에는 달이 밝고 구름이 흐르고 하늘이 펼치고
파아란 바람이 불고 가을이 있고 추억처럼
사나이가 있습니다.

※ 윤동주 시집 〈하늘과 바람과 별과 시〉 중에서

라고 말한다. 이 시를 읽으면서 '나의 자화상'을 떠올려 본다.

내가 만난 세상

이 땅의 비극 6·25전쟁

해방 이후 남과 북에 두 개의 정부가 들어선 이후, 한반도에서 남·북의 대치가 계속되는 가운데 급기야 38선 주변에서 크고 작은 군사 충돌이 연이어 일어났다.

남북 간의 전면전은 1950년 6월 25일 일요일 새벽을 기해 북한 인민군이 38선 전역에서 남침을 개시하면서 일어났다. 인민군은 월등한 화력을 앞세워 사흘 만에 서울을 점령했고, 불과 2개월 만에 낙동강 일대까지 진격했다.

유엔군이 9월 15일 인천에 상륙하면서 전세는 역전되기 시작했고 1951년 6월부터 연합군과 중국군, 북한군 사이에 휴전 회담이 진행되었다. 휴전 회담은 상병(傷病) 포로 교환 협정이 이뤄지면서 1953년 4월 26일 다시 속개되었고, 결국 7월 27일 판문점에서 휴전 협정이 체결되어 현재에 이르고 있다. 전쟁 이후 남북은 각각의 체제 이데올로기가 강화되면서 이후 분단 상황은 돌이킬 수 없을 만큼 굳어 버렸다. 절대 잊지 말아야 할, 민족의 비극이 아닐 수 없다.

정감 어린 고향, 옥과

전쟁의 참화 속에서 1952년 가을, 아버지 나홍준(호는 後松, 1985년 작고)과 어머니 박소춘(1998년 작고)의 7남매 중 넷째로 나는 태어났다. 부모님은 전쟁 이전에는 광주에서 사시다가 전쟁이 발발하면서 피난민 대열을 따라 원래 살던 옥과 마을로 오셨다. 누렇게 익은 보리밭 사이로 몸을 숨기며 걷고 또 걸어 난을 피하셨는데, 머리 위에서 헬기 소리가 요란하고 사방에서 총성이 들리는 피난길은 참

옥과면 전경

혹하고도 처참했다고 한다. 일제 식민지 시절 뼈아픈 과거를 잊을 사이도 없이 발발한 6.25는 이 나라, 이 민족의 굴곡진 삶을 생생히 말해 준다. 그 당시 곳곳에서 흔적도 없이 사라진 주민들이 많았는데, 옥과 마을에서도 그런 일이 있었다고 했다. 어린 날, 부모님으로부터 이런 이야기를 전해 들을 때면 피가 거꾸로 솟는 듯했다.

출생지인 곡성군 옥과면(玉果面)은 백제 시대에는 과지현(果支縣)으로 현재의 광주(光州)인 무진주에 속했고, 통일신라 시대(경덕왕16년, 757년)에는 전라도 옥과현(玉果縣)으로 담양군에 속했으며, 1895년에는 옥과현이 남원부 옥과군으로 바뀌면서 군으로 승격되었다. 그리고 1908년 옥과군이 폐지되고 일제강점기를 거치면서 1914년 3월 곡성군 옥과면이 되어 현재에 이르고 있다. 당시 문헌에 의하면 옥과는 면민들의 자부심과 애향심이 강한 고장으로 소개되고 있다.

또, 오늘날 옥과는 광주광역시 근교에 위치하며 도·농 복합면으로 발돋움하고 있다. 1970년대 초반까지만 해도 호남 내륙 동남쪽에 있어 접근성이 좋지 않았던 이곳은 1973년 남해고속도로 부산 - 순천 구간이 개통되고, 1988년 88올림픽고속도로(대구 - 광주 구간)가 건설되면서 접근성이 나아졌다. 특히 88고속도로는 순창IC를 통해 옥과에 이르는 최단 거리여서 고향에 갈 때면 줄곧 이 길을 이용하곤 했다. 2015년 말에는 88고속도로 4차선 확장공사가 완료되어 동·서간 교류의 효자 노릇을 톡톡히 하고 있다.

옥과는 조상 대대로 살아온 곳으로, 4대조 선산이 있다. 그리고 적어도 150여 년 전부터 많은 일족이 리문리, 용두리 등지에서 생활 터전을 일구고 지키며 살아오고 있다. 어린 시절 기억에 옥과면 인구는 5,000명 정도였는데, 지금도 그 당시 인구 수준을 유지하고 있다고 한다.

옥과는 공립학교인 옥과국민학교와 옥과중학교, 사립학교인 옥과농업기술중학교와 농업고등학교가 있었으며, 1990년엔 전문대학이 설립되어 오늘날 전남과학대학으로 크게 발전하여 지역 교육 중심지로 자리매김하고 있다. 그 사이 중학교 과정인 옥과농업기술중학교는 공립학교인 옥과중학교로 편입되었고, 옥과농업고등학교는 인문계 옥과고등학교로 바뀌었다. 그 옛날 농업고등학교 시절 한 학년이 1개 반이던 아주 작은 규모의 시골 학교가 지금은 재학생 300명을 웃도는 지역 명문 고등학교로 발전하였고, 순천·여수·구례·담양 등 타 시군에서 옥과고등학교 입학을 희망하고 있다니 그런 소식을 접할 때면 감개가 무량하다.

폭염이 기승을 부리던 어느 해 여름날, 고향 옥과를 찾았다. 찾아간 그곳의 정확한 지명은 오산면이다. 옥과농업기술중학교 제17회 졸업생 모임 참석을 위해서였다. 88고속도로 순창IC를 나와 옥과를 향했다. 그리고는 면 소재지를 통과하는 코스를 택했다. 모임 장소가 오산면이어서 굳이 옥과 소재지로 가는 코스를 택하지 않아도 되었지만, 오랜만에 고향의 정취를 느껴보고 싶었다. 면 소재지에 차를 세웠다. 청소년기를 보낸 그곳을 그냥 지나칠 수 없었다. 40~50년 전

모습들이 눈에 익었지만 휴대폰 가게와 24시 편의점이 있어 '이곳도 시류에 따라 변해가는구나.' 싶었다. 면 소재지에서 광주 가는 길목에 자리한 전남과학대학교, 소재지 외곽에 군데군데 보이는 나지막한 아파트를 제외하면 옥과는 크게 변한 것이 없었다.

면 소재지에서 2km 거리에 있는 고향마을 용두리는 행정동 명칭이 리문리이다. 용두리는 자연부락 이름이다. 그곳은 내가 태어나서 유년기, 청소년기를 보낸 곳이다. 초등학교, 중학교를 거쳐 고등학교 2학년 말 부산으로 전학하기까지 학창시절을 보낸 곳이고, 더 멀게는 4~5대조 할아버지가 사셨던 곳이기도 하다. 현재도 친척들 다수가 마을을 지키며 오순도순 살아가고 있다.

옥과천 둑에서 마을로 들어서는 길 양옆에는 100여 미터 은행나무가 있다. 그것은 마을의 자랑이다. 심은 지 30년은 족히 더 되었을 그 나무들은 고향에 들를 때마다 많이 컸다는 느낌을 주곤 했다. 고향을 떠나 외지에 있으면서 내 인생의 나이테가 하나둘씩 생긴 것만큼 고향의 나무도 함께 자랐다.

동네 어른들 말씀에 의하면, 용두리라는 지명은 마을 형상이 용의 머리 모양을 하고 있어 붙여진 이름이라고 했다. 어느 해 겨울, 부모님 성묘를 다녀오는 길에 먼발치에서 고향 마을을 보니 마을 형상이 마치 용머리 같아 보여 새삼 놀라웠던 적이 있다.

그리고 또, 어린 날 기억에 마을에서 읍내 오일장에라도 가려면 하천을 건너야 했다. 초등학교 시절 비가 많이 올 때면 2km 이상 거리에 있는 옥과천 하류의 교량을 건너고 다시 1㎞ 정도를 더 걸어야 학교에 갈 수 있었다. 그랬던 그곳에 옥과교라는 교량이 생겼다. 새마을 사업의 덕을 톡톡히 본 것이다. 당시 전언에 의하면 교량 건설을 위해 아버지께서 노력을 많이 하셨다고 했다. 아버지는 군청이며 면사무소를 자주 다니셨다. 우리집 일이 아닌 마을이나 면 지역 사람들의 어려운 일을 앞장서서 해결하려고 애쓰셨다. 지금은 마을 바로 앞 옥과천 둑에 자동차 전용도로가 생겨서 많은 차량들이 속도를 내며 지름길로 이용하고 있다.

유년 시절의 추억이 묻어나는 고향을 생각하니 시인 최복준의 '유년의 향기'란 시가 떠오른다. 시인은 이 시에서

마을로 가는 길은
수줍게 어디론가 숨어있다

지나 온 시간을 되짚어
모퉁이를 돌아가면
호박벌 쫓던 여름날의 어설펐던 발자국
노란 탱자를 별자리처럼 매달던
탱자나무 울타리
개구리소리 모깃불처럼 번지던
골목길 지나면
귀에 익은 나직한 웃음소리 몇
금방이라도 들려오고

두고 온 마음 버리지 못해
추억의 힘으로
다시 찾는 길마다
하나 둘, 불 밝혀
기억을 불러 모으는 풍경들
바라보는 풍경들이
내 시선에 익어 가는 것은

그리움의 무게가 실린 것일까
지금도 주머니에 가득한
어린 날의 기억들
유년의 향기

※ 최복준 시집 〈가을소나타, 빛과 소리의 이중주〉 중에서

라고 읊었다.

용두리 마을

땔감을 팔아 밥을 먹다

이름 모를 병으로 생사를 넘나들다

부모님 말씀에 의하면 나는 태어난 지 몇 개월 지나지 않아 이름 모를 병에 걸려 사경을 헤매었다고 한다. 시간이 지나도 차도가 없자 마을 친척들과 이웃들이 집으로 모였고, 아이가 죽으면 땅에 묻을 생각으로 삽 등을 준비해 놓고 기다렸다고 한다. 1950년대 우리나라 의료 수준을 생각해보면 엄청난 사람들이 이름 모를 병마에 시달리며 그렇게 세상을 떠났을 것이다. 우리집은 10남매였는데 큰 형님을 포함한 세 명이 어릴 적에 변을 당하고 7남매가 되었다.

생사를 넘나들던 그날 밤, 인근에 사는 점쟁이 말이 "오늘 밤 열두 시를 잘 넘기면 아이는 깨어나게 될 것"이라고 했단다. 그리고 신기하게도 아기는 그날 밤 자정 무렵, 몸을 꿈틀거리며 반응을 보였다고 한다. 그렇게 살아나서 오늘의 내가 되었다는 이야기를 부모님으로

부터 여러 차례 들었다. 대학을 다닐 때나 직장을 다닐 즈음 고향 부모님을 찾아뵐 때면 빠뜨리지 않고 꼭 하시는 말씀이었다. 대견스러워서 그렇게 말씀하시는 것 같았다. 하지만 그것은 반드시 살아나길 바라셨던 부모님의 간절함과 극진한 간호의 결과였던 것 같다.

 어린 시절의 나는 허약한 체질이었다. 지금도 외형적으로는 그렇다. 중년을 넘긴 많은 현대인이 배가 나오고 살이 쪄서 당뇨니 비만이니 염려하는 걸 보면, 이런 좋은 체질을 갖게 해주신 부모님께 감사드린다. 나를 아는 일가친척들은 나를 볼 때면 예전이나 지금이나 모습이 똑같다고 한다. 어쨌든 지금은 이 세상에 계시지 않는 아버지, 어머니의 보살핌으로 이렇게 살아 있다. 그런 부모님께 좀 더 잘해 드리지 못한 것이 못내 아쉽고, 생각할수록 가슴이 미어진다. 도청 전입 이후에는 공직생활 동안 어머니 용돈으로 매달 일정액을 보내드려야겠다는 다짐을 하곤 했는데 실행에 옮기지 못했다. 가슴 아픈 일이다.

손가락 골절상으로 인한 마음의 상처들

초등학교 3학년 아홉 살 녀석은 겨울이 끝날 무렵, 마을 친구 집에 놀러 갔다가 작두(*소에게 줄 짚이나 풀을 잘게 써는 기계)에 손가락이 절단되는 사고를 당했다. 대여섯 명 친구들이 마루에 걸터앉아 햇볕을 쬐며 놀고 있는 사이에 친구와 함께 마당에 놓인 작두에 볏짚을 넣고 썰다가 그만 변을 당한 것이다. 그런 일이 벌어졌다는 사실이 믿기지 않는다.

사고가 난 것은 너무도 순식간이었다. 내가 볏단을 한주먹 쥐어 작두에 넣는 바로 그때, 작두 채를 들고 있던 친구가 손을 놓아 버린 것이다. 청천벽력 같은 일이 생겼다. 잘려나간 손가락 마디가 짚더미에서 펄쩍펄쩍 뛰고 있었다.

순간 아프다는 생각보다는 '큰일이 났구나! 이러다가 죽는 것은 아닌가?' 싶어서 펑펑 울었다. 다른 친구가 어머니한테 달려가 그 사실을 알렸고, 나는 어머니 등에 업혀서 면 소재지 병원으로 향했다. 병원으로 가는 도중 어머니한테 "죽으면 어머니도 못 보고 어떡해요?"란 말을 반복했던 기억이 생생하다.

잠시 후 병원에 도착하였다. 병원이라고 해봤자 일반 의원이다. 의사는 바로 오른손 둘째 두 마디, 셋째 한 마디를 곱게 재단하고야 말았다. 요즘 같으면 접합수술이 가능했을 테지만 그땐 그런 정도의 수준이 못 되었다. 의료 수준이 되었다 해도 광주까지 가야 했을 텐데 수술비가 없어서도 접합은 못 했을 것이다. 더 큰 화를 입지 않은 것으로 만족해야 했다.

어린 시절, 그리고 사춘기를 보내면서 오른 손가락 세 마디가 없는 삶을 살면서 어려움이 많았다. 지금도 가끔 그런 생각을 해 본다. 젊은 시절 손가락 사고를 당하지 않았다면 나는 어떤 삶을 살게 되었을까를. 손가락 사고는 사춘기를 겪는 예민한 시기에 남녀 공학인 중학교, 고등학교를 거치면서 큰 고민거리가 되었다. 글씨를 왼손으로 썼다가 오른손으로 써보는 일을 반복했다. 불편했어도 오른손 글씨를 택한 것은 잘한 일이었다. 중·고등 학교 때는 여학생들에게 손가락 모습을 안 보이려고 애를 썼던 것 같다. 그리고 공직자가 되어 학교 서무과와 영일군청 민원실 근무 중에 민원인들과 마주하면서 잘려나간 손가락 때문에 마음이 편하지 못했다.

대학을 졸업한 그해 병무청에서 연락이 왔다. 군대에 입대하라는 것이었다. 집결 장소는 부산시 해운대구 인근 군부대였다. 그 당시 나는 학교 서무과 직원으로 근무하고 있었다. 하지만 그것이 평생직업으로 삼기에는 적합하지 않겠다 싶던 차였다. '군대를 다녀온다면 장래에 대한 새로운 전기를 마련할 수도 있지 않을까'라는 생각으로 군부대로 갔다. 도착하니 머리부터 깎으라 했다. 그리고 신체검사를 받았는데 군의관은 "이런 신체조건으로는 현역복무가 힘들다."며 불합격 판정을 내렸다. 나는 군의관에게 "오른쪽 세 번째 손가락으로 힘을 쓸 수 있다, 총을 쏘는 데는 전혀 문제 될 게 없을 것"이라고 했다. 하지만 군의관은 병역면제 판정을 내렸고, 이후 나는 제2국민역으로 편입되었다. 예비군도 아닌 민방위 대원이 된 것이다. 다시 학교 서무과로 돌아왔다. 빡빡 깎은 머리에 중절모를 쓰고 나타난 나를 보고 직원들은 깜짝 놀랐다. 자초지종을 말하고는 군대 이야기는 없었던 일인 양 그곳에서 계속 근무하게 되었다.

손가락 사고는 다시 떠올리기 싫은 아픈 기억이다. 하지만 이제는 그런 생각을 계속한다는 것이 오히려 사치다 싶다. 그런 말을 할 필요도 없어졌고, 너무 익숙해져 버렸다. 다만 이후 공직생활을 하는 동안, 특히 상주시 부시장 재직 시에 수많은 사람을 만나 악수를 하는 일이 매일의 일과가 될 정도로 빈번한 그때, 많은 사람이 내 손을 먼저 쳐다볼 때는 조금 당혹스럽기도 했다. 악수한 손의 감각이 달리 느껴졌을 것이다. 손가락을 왜 그랬느냐고 묻는 사람들이 간혹 있었지만, 그냥 어릴 적 사고였다고 웃어넘기곤 했다.

농사일을 시작한 소년 시절

우리 나이로 일곱 살에 초등학교 입학을 하였으니 만 나이로 6세였고, 내 또래 아이들에 비하면 비교적 일찍 학교에 간 것 같다. 당시 우리 마을 학교 입학생 중에는 한두 살씩 많은 아이가 대부분이었고, 대여섯 살이나 많은 아이도 있었다. 그런데도 우리집은 형님, 누님, 동생 모두 일곱 살에 입학을 한 걸 보면 신학문과 자녀교육에 대한 부모님의 생각이 남다르셨던 것 같다.

초등학교를 다닐 즈음, 아버지는 옥과우체국에서 집배원으로 일하셨다. 그 시절의 우리집은 살림 형편이 괜찮은 듯 보였다. 아버지가 숙직하시는 다음 날 아침이면 학교 가는 길에 도시락을 갖다 드리고 가끔씩 용돈을 받는 재미도 쏠쏠했다.

그러던 어느 날, 아버지께서 우체국을 그만두셨다고 했다. 아버지의 퇴직으로 가세가 기울기 시작하니 끼니 걱정을 하면서 밥을 굶을 때가 많았다. 남의 소작 논 대여섯 마지기가 있긴 했어도 논 주인과 반반 나누면 별 소득이 없었다. 작은형님을 따라 다니면서 농사일을 도왔다. 우리집 농사와 함께 부잣집 농사일을 하고 쌀, 보리 등 식량을 받아와 끼니를 해결하는 일이 많았다. 품방(*볏단을 지게로 나르고 돈을 받는 일)으로 용돈을 벌어 양식을 사는 데 보태기도 했다. 한 짐이라도 더 나르려고 또래들과 경쟁을 했을 뿐만 아니라 어머니를 따라 부잣집 벼 탈곡을 하러 다니기도 했다. 그럴 때 내 역할은 어머

홀태

니가 홀태(*볏단에서 벼알을 가려내는 기계)에 볏단을 넣어 탈곡할 수 있도록 적당한 크기로 떼어 주는 것이었다. 그 일을 하는 날이면 그 집에서 점심을 먹을 수 있었고, 때로는 저녁까지도 먹는 때가 있었다.

먹고살기 위해서 동네 부잣집을 전전하며 농사일을 하고 끼니를 해결하던 시절을 잊을 수가 없다. 한 짐이라도 더 볏단을 나르고, 한 다발이라도 더 탈곡할 욕심으로 속도를 내며 다른 사람들과 경쟁하며 열심히 일했던 기억이 새롭다. 지금 그때를 생각하니 어머니의 빠른 손놀림 모습이 생생하게 떠오른다. 가난했지만 오순도순 사람 사는 맛을 느끼게 해주신 어머니가 몹시도 그리워진다.

땔감을 팔아 끼니를 해결하다

농사일을 하면서 산에 땔감용 나무를 하러 다녔다. 대개는 작은형님과 다녔지만, 어머니와도 함께 다녔다. 남자들은 지게를 사용했지만, 어머니는 나무 동을 만들어 머리에 이셨다. 땔감 나무는 품질이 좋은 것을 옥과 오일장에 팔았고 그 돈으로 쌀, 보리 등 식량을 샀다. 장날 면 소재지 개울물이 흐르는 낮은 언덕에 나뭇짐을 세워두고 있노라면 부잣집에서 살 나뭇짐을 지정한다. 그러면 그 나뭇짐을 지고 그 집까지 갖다 주는 식이었다.

마을 주변에서는 베어낼 땔감이 더는 없었다. 보통 7~8km를 가야만이 품질 좋은 땔감을 얻을 수 있었다. 오산면 가곡리 오지봉, 관음

그 시절 지게

사 뒷산, 겸면 칠봉리 뒷산은 땔감이 많은 곳으로 알려진 곳이었다. 마을 청년들, 특히 부잣집 머슴살이 하는 형들을 따라 나무를 하러 갈 때면 신이 났다. 맛있는 김치에다 밥을 조금씩 덜어주는 경우가 많아 배불리 먹을 수 있었기 때문이다. 늦가을엔 작은형님과 전남 화순군 백아산 자락에서 일주일 정도 숙식을 하면서 땔감용 나무를 했다. 작업한 나무를 햇볕에 말린 다음 리어카에 실어 오곤 했다. 백아산 자락을 택한 이유는 그곳에 우리 마을 형의 처가댁이 있었기 때문이다. 거기에선 숙식을 해결할 수 있었다. 초등학교를 졸업한 1964년부터 고등학교를 다니던 1970년까지 이런 생활을 했다. 이것이 당시 농촌의 일반적인 삶의 모습이었다.

시골 생활이 논농사와 땔감 나무를 하는 것만은 아니었다. 마을 뒷산 아래 밭이 조금 있어 밭농사 일도 했다. 밭나락(일명 '산두')과 콩을 주로 심었고, 풀을 매곤 했다. 밭일을 하다 잠시 허리를 펴고 휴식을 할 때면 면 소재지 전경이 한눈에 보였다. 신작로에 군용 지프와 트럭이 먼지를 내며 달리는 모습이 보였고, 책 보따리를 메고 마을 어귀로 들어오는 동네 중학생 친구들의 걸음걸이가 또렷하게 보였다.

가끔은 동네 친척 동생 용수가 밭에 나와 함께 일을 할 때도 있었다. 용수는 초등학교 졸업 후 계속 농사일을 했다. 잠시 쉬는 동안 용수한테 먼 훗날의 나의 꿈을 이야기하곤 했다. 나도 학교를 다녀 언젠가는 꼭 훌륭한 사람이 되겠노라고! 그런 말을 할 때면 당장이라도 중학교를 가고 싶었다. 하지만 집안 형편상 그렇게 할 수가 없었다. 농사일 등으로 하루하루를 보내면서도 마음 한구석에는 학교 가는 일을 생각하고 있었다. 학교에 가는 것은 나의 간절한 꿈이었다.

광주 양동시장 옷가게 점원이 되다

초등학교를 졸업하고 집에서 보낸 기간이 1년을 지날 무렵 아버지께서 "친구가 광주에서 사업을 크게 하는데 그곳에 취직하면 밥은 굶지 않을 것"이란 말씀을 하셨다. 그리고 얼마 후 나는 광주 양동시장 옷가게 점원이 되었다. 시골에서 농사일을 하던 촌놈이 도회지에서 옷을 파는 점원으로 산다는 것은 예전 일들에 비하면 너무도 쉬운 일이었다. 점포는 제법 큰 규모인 듯했지만, 손님이 많은 것은 아니었다. 하지만 가게 일을 하는 동안 집 생각이 많이 났다. 아버지, 어머니가 보고 싶었다. 특히 일을 마치는 저녁 무렵이면 부모님 생각에 눈물이 나곤 했다. 왜 그땐 그렇게 어머니 아버지 생각으로 눈물이 나는지 알 수 없었다. 그렇다고 내색을 할 수도 없었다. 당장 집엘 갈 수도 없는 노릇이었다. 옷가게 점원으로 들어온 지 몇 달 지나지도 않았고, 무엇보다 어렵게 부탁을 해서 왔는데 나 스스로 그만두겠다는 말을 하는 건 도저히 안 될 일 같았다.

그러는 사이, 수개월이 지났다. 기별도 없이 아버지께서 옷가게에 오셨다. 얼마나 반가웠는지 눈물조차 나지 않았다. 나는 아버지께 용두리 고향 집에 가겠다고 했다. 아버지 어머니가 보고 싶어 더 이상 점원 생활을 못 하겠다고 했다. 그랬더니 아버지는 꼭 그렇다면 집에 가자고 하셨다. 그날로 곧장 아버지를 따라 용두리 집으로 돌아왔다. 고향으로 돌아왔으나 변한 건 아무것도 없었다. 끼니를 걱정하는 일도 다반사였다. 힘들어도 꾹 참고 점원 일을 계속해야 했나 싶은 생각을 하면서 마음이 편하지 못했다. 먹고사는 게 힘든 마당에 무엇을 해야 할지 도무지 갈피를 잡지 못한 날들이었다.

고모님 댁에서 끼니를 해결하다

광주 점원 일을 그만두고 고향에 돌아온 후, 이웃 마을 평장리에 있는 고모님 댁을 찾았다. 고모님 댁은 걸어서 30여 분 거리에 있었다. 나는 점원 일을 그만두고 왔던 터라 먹고사는 게 급했다. 고모네 논농사와 밭농사를 닥치는 대로 거들고, 풀을 베어 나르고 소죽을 끓이는 등 소를 키우는 일도 도맡았다.

아버지는 5남매 중 장남으로 태어나셨고, 고모님은 바로 아래 동생이다. 고모님 댁이 부유하게 사신 것은 농토도 많았지만 고모부가 옥과 오일장에서 생선장사를 하셨기 때문일 것이다. 농사만을 바라보고 사는 사람보다 훨씬 잘 사셨던 것 같다. 또한 고모님은 주역을 익혀 사주 관상을 볼 수 있는 정도의 지식과 인품을 소유한 자랑스러운 분으로 100수를 넘겨서까지 사셨다.

그 당시 고모님 댁에는 막내 누님도 함께 살았는데, 나에게 자상하고 인정미 넘치는 누님으로 기억한다. 몇 년 전 겨울날 서울 여동생네 결혼식에서 누님을 만났다. 그때나 지금이나 정감 있는 그 모습은 변함이 없었다. 끼니 걱정을 하며 어려웠던 그때 그 시절, 머슴이나 다름없었던 나의 처지를 누구보다 잘 알고 맛있는 음식을 챙겨주며 격려해 주던 고종사촌 누님, 누님을 생각하면 추운 겨울날 난롯가에 앉은 듯 마음이 따뜻해진다. 그때 그 모습이 자꾸 떠오른다. 그 시절을 잊을 수가 없다.

인생은 잃어버린 길을 찾아가는 것이라는 생각이 든다. 시인 윤동주는 '길'이란 시에서

    잃어버렸습니다
    무얼 어디다 잃었는지 몰라
    두 손이 주머니를 더듬어
    길에 나아갑니다

돌과 돌과 돌이 끝없이 연달아
길은 돌담을 끼고 갑니다

담은 쇠문을 굳게 닫아
길 위에 긴 그림자를 드리우고

길은 아침에서 저녁으로
저녁에서 아침으로 통했습니다

돌담을 더듬어 눈물짓다
쳐다보면 하늘은 부끄럽게 푸릅니다

풀 한 포기 없는 이 길을 걷는 것은
담 저쪽에 내가 남아 있는 까닭이고

내가 사는 것은, 다만,
잃는 것을 찾는 까닭입니다

※ 윤동주 시집 〈하늘과 바람과 별과 시〉 중에서

라고 한다. 되돌아보니 인생은 그런 것이다.

찐빵으로 다닌 학교

늦게 시작한 학교생활

고모님 댁에서 용두리 집으로 돌아왔다. 예전처럼 우리의 일상은 계속되었다. 둘째 형님과 나는 나무를 해서 시장에 파는 일을 계속했다. 그 사이, 아버지 어머니는 면 소재지 버스정류장 부근에 찐빵 가게를 열었다. 가게는 방이 한 칸 있고, 빵 만드는 주방과 빵 솥이 자리한 10평 남짓한 공간이었다.

부모님이 빵 장사를 하신 지 얼마 지나지 않은 어느 날, 아버지께서 부르셨다. 그리고는 말씀하셨다.

"병선아, 늦었지만 이제 학교를 가거라. 옥과농업기술중학교 이사장과 협의를 했으니 그렇게 하도록 해라."

재학 당시 중학교

초등학교를 졸업한 지 만 3년이 되는 시점이었다. 마음이 뭉클했다. 바로 그해 나는 옥과농업기술중학교에 입학하였다. 1967년 3월의 일이다. 중학교는 사립학교로 농업고등학교와 같은 재단이었다. 길게 뻗은 기와집 건물 한 동에 중학교와 고등학교가 함께 있었다. 겨울이면 난방이 안 된 탓에 추위에 떨어야 했고, 교실 천장은 신문지를 발라 놓아 책상 위에 쥐똥이 가끔씩 떨어지곤 했다. 가히 교육환경을 말할 여건이 아니었다. 특히 중학교는 비인가 학교여서 고등학교를 진학하려면 검정고시를 거쳐야 했다. 다만 같은 재단의 옥과농고 진학은 검정고시를 통과하지 않아도 가능했다. 중학교 친구들 대부분이 농고 진학을 했고, 농고생 중 일부는 공립인 옥과중학교 졸업생들이 자리를 메웠다.

나는 동네 친구들보다 늦게 공부를 시작했지만, 그런 것은 중요하지 않았다. 용두리와 가게, 학교를 오가며 지냈다. 용두리에서 잠을

자고 가게에 들러 아침밥을 먹고 학교에 가고, 오후에 학교에서 돌아와 저녁을 먹고 용두리 집으로 돌아오는 일상이 반복되었다.

옥과 빵 가게는 우리 가족의 생계를 이어가는 소중한 터전이었다. 그곳에서 아버지 어머니는 수년간 빵을 만들어 팔아 자녀들을 먹이고 학교에 보내셨다. 농업고등학교 2학년 말, 부산으로 전학을 하기 전까지 거의 5년의 기간을 그렇게 보냈다. 중학교 2학년이 되어서 동생도 같은 학교에 입학을 하였다. 지금 부산에서 변호사로 일하고 있는 동생은 중학교 입학 전까지는 가게에서 빵을 만들면서 부모님을 도왔다. 매사에 생각이 깊은 동생은 모든 일을 빈틈없이 잘해 낸 것으로 나는 기억한다.

중·고등 학교를 연년생으로 다니는 동안 우리 형제는 공부 잘하는 학생들로 이름을 꽤 알리기도 했다. 다만 열심히 공부해도 농업계 학교라는 교육 과정상의 한계를 극복하기에는 어려움이 많았다.

그때는 한 학년이 반 하나에 60명쯤 되었는데 여학생이 15명 정도였다. 지금 70세를 앞둔 할아버지, 할머니가 되어 있으니 많은 세월이 흘렀다.

15년 전쯤으로 기억되는 어느 날, 서울에 사는 중학교 친구들이 모임을 한다는 소식을 듣고 서울로 향하였다. 집결지는 지하철 4호선 노원역이었다. 노원역에 도착하니 몇몇 친구들이 기다리고 있었다. 30년 세월이 지나 처음 만나는 자리였다. 처음에는 이름과 얼굴이 쉽게 매칭되지 않았지만 시간이 흐르면서 기억하게 되자, 그 당시 얼굴들이 크게 변하지 않은 듯했다. 우리는 노원역에서 멀지 않은 어느

옥과농업기술중학교 졸업사진

아파트 지하층 대규모 찜질방을 숙소로 정했다. 내부는 엄청난 규모로 극장과 휴게실이며 다양한 먹거리가 있는 식당이 즐비했다. 찜질방은 손님들로 인산인해를 이루었다. 한 식당 앞에 자리를 잡고 음식과 술을 곁들여 이야기보따리를 풀었다. 누가 먼저랄 것도 없이 나름대로 살아온 이력을 소개하기에 바빴다. 꼬박 밤을 새우고 아침 일찍 열차 편으로 대구로 돌아왔다. 순간순간이 추억이었다. 학창 시절 이야기로 즐거운 시간을 보냈다. 중학교 친구들 대다수가 농고에 같이 다녔기에 고등학교 친구를 만난 격이었다.

지난 2002년 경주세계문화엑스포 개최 무렵에는 당시 친구들이 경주를 방문하였다. 내가 도청 법제계장을 할 때였다. 경주로 달려가 친구들과 반가운 만남을 가졌고, 경주 감포 바닷가 횟집에서 맛있는 음식으로 즐거운 시간을 함께했다. 그리고 2016년 8월, 그들을 옥과 고향에서 다시 만났다. 서울에서 만나지 못한 친구들도 볼 수 있었다. 언제가 될지 알 수 없지만, 그리운 친구들을 다시 만나 밤을 지새워서라도 못다 한 옛이야기를 나누고 싶은 마음, 간절하다.

농업고등학교 시절

비록 늦게 다시 시작했지만 공부하는 것은 재미있는 일이었다. 밥 세 끼를 먹지 못하고 남의 집 농사일을 거들며 허기진 배를 채우려 했던 시기와는 너무도 다른 환경이었고, 그렇게 바뀌게 된 것은 부모님께서 빵 가게를 열었기 때문이었다. 자식이 공부해야 성공할 수 있다는 신학문에 대한 아버지의 믿음과 탁월하신 생각 덕분에 가능한 일이었다. 학교 가는 것 자체가 재미있었다. 늦깎이 학생이라서 더 열심히 공부에 전념했다.

당시 우리 학교에는 영어·수학 교사를 비롯한 대부분 선생님이 대학을 졸업하고 이제 막 교단에 선 분들이 많았다. 그래서인지 열정이 대단했다. 하나라도 더 가르치려는 선생님들의 노력과 정성 덕분에 우리는 학업에 더욱 전념할 수 있었다. 또, 선생님들의 학생에 대한 애정도 많았던 것으로 기억한다. 눈이 많이 오는 날이면(호남은 눈이 많이 오는 곳이다) 남녀 학생들이 운동장에 모여 눈싸움을 하며 놀 수 있게 해 주셨고, 또 선생님과 학생, 모두가 학교 뒷산에서 토끼몰이를 하기도 했다. 장래에 대한 염려, 진로 걱정 등은 거의 잊은 채 말이다. 당시 우리는 농고를 졸업하고 농협대학이나 농협 입사시험에 합격하는 걸 최고로 여겼다. 농협 입사시험에 합격한 선배가 있어 플래카드를 걸고 축하해 주었던 기억이 새롭다.

장학금으로 송아지를 받다

옥과농업고등학교에 진학하여 1학기를 마칠 무렵, 곡성군 교육청이 선발하는 장학생이 되었다. 장학금은 송아지 한 마리 값이었다. 기쁜 일이었다. 학교로부터 공부 잘하는 학생으로 인정을 받았으니 즐겁지 않을 수 없었다. 부모님께서 즐거워하시던 모습이 지금도 그때와 같은 느낌으로 선명히 다가온다.

그런데 부산으로 전학을 하게 되자, 송아지 한 마리 값을 반납해야 하는 어려움이 있었다. 부모님은 상당 기간 그 돈을 갚느라 힘드셨다

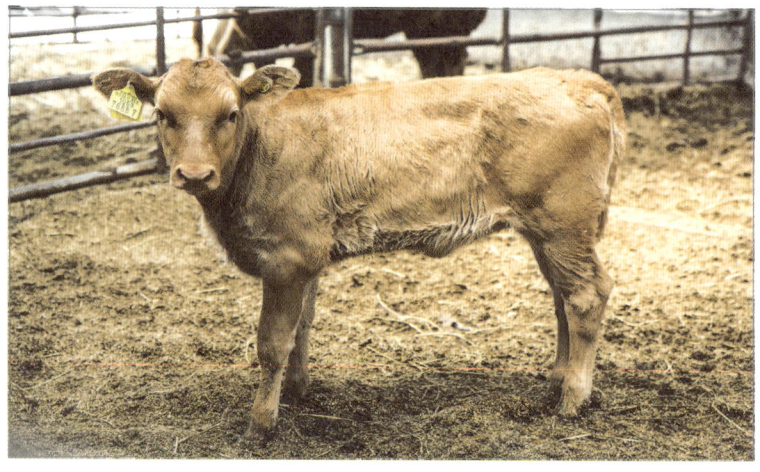

장학금으로 받은 송아지

고 했다. 하지만 나를 무척 자랑스럽게 여기셨다.

아버지께서는 내가 초등학교를 졸업한 이후 언제부터인가 옥과면 금단리에 사는 이 모라는 사람 이야기를 자주 하셨다. 그는 독학으로 고등고시 사법과에 합격하여 판사가 되었고, 당시는 광주에서 변호사로 일한다고 했다. 아버지는 자식 중 누구 하나라도 그 길을 걸어 줬으면 좋겠다는 기대를 하고 계신 듯했다. 그 말씀이 무슨 내용인지 알 수는 있었지만, 과연 그렇게 되려면 어떻게 해야 하는지는 전혀 모르는 상태였다. 훗날 부산 전학을 주선하신 것은 아버지의 그런 바람이 나타난 것으로 이해된다.

그러한 아버지의 여망에 부응하기 위해서는 공부를 열심히 하는 수밖에 없다는 생각은 늘 가졌던 것 같다. 비록 중·고등 학교는 늦게 갔지만 공부할 시간에 농사일만 하고 있을 때를 생각하면서, 마음속 깊은 곳에서는 공부를 열심히 해서 훌륭한 사람이 되겠다는 각오가 있었다. 그렇게 될 수 있으리라는 믿음을 가진 학창 시절이었다. 나의 오늘은 힘든 청소년기를 직접 체험한 결과, 어지간한 어려움은 그냥 당연한 것으로 여기며 참고 견딘 산물이라 하겠다.

손가락으로 바위를 뚫어라

2

고난의 여정

가난한 나라, 가난한 나 46
낯선 곳으로의 유학 50
생계를 위한 사회생활의 첫걸음 57

가난한 나라, 가난한 나

보릿고개

　한국전쟁이 끝난 후 대한민국의 생활상은 이루 말로 표현하기 힘들 정도로 어려움의 연속이었다. 특히 곡성은 농업에만 의존하다 보니 제한된 농토에 매달려 사람들은 먹고사는 일에 모든 것을 걸었다. 통계자료에 의하면 우리나라는 1953년 1인당 국민소득이 67달러로 세계 빈곤 국가에 속했다. 쌀은 고사하고 먹을 게 없어서 풀뿌리를 캐 먹거나 풀죽을 끓여 먹는 이들도 많았다. 이른 봄부터 한여름 보리 수확시까지 양식 걱정으로 '보릿고개'라는 말을 입에 달고 살았다.
　우리집도 예외는 아니었다. 조상 대대로 그럴듯한 농토가 없어 항상 끼니 걱정을 하며 살았다. 동네 잘사는 서너 집을 제외하면 농토가 없는 정도는 비슷했다. 잘사는 그 집에서 농사일을 해주고 받은 품삯으로 겨우 먹는 일을 해결하였다. 죽지 않기 위해 살고 있었다.

그러던 이 나라에 먹고사는 문제를 해결할 방법이 나타났다. 수확이 많은 통일벼를 개발하여 쌀 생산량을 획기적으로 늘리는 대역사가 펼쳐진 것이다. 식량에 대한 걱정이 조금씩 줄게 되었다. 연탄이 보급되면서 땔감용 나무를 베러 다니는 일도 점차 사라졌다. 동시에 대대적인 산림녹화 사업으로 산야에는 숲이 우거지기 시작한다. 새마을사업을 통해 근면, 자조, 협동이라는 의식세계가 사람들 마음속에 자라났고, 그런 자신감으로 우리 국민은 열심히 일하여 오늘의 대한민국으로 성장, 발전하였다. 생계 유지 문제가 해결되자 삶의 질이 점점 나아지면서 사회 각 분야에 걸쳐 스스로의 역량과 전문 지식을 통해 국가와 사회 발전에 기여할 수 있는 사람들도 늘어났다. 이 모든 일이 가히 기적이라고 할 수 있다. 이제는 〈보릿고개〉라는 말이 어느 빈곤국가의 이야기로만 들린다. 그 시절 처절하게 가난했던 나라 대한민국을 생각하면 눈물이 날 지경이다.

내려가야 올라올 수 있다

지식생태학자 유영만 교수는 그의 저서 《체인지》에서 조관일 박사의 '고통총량불변의 법칙'을 소개한다. 《비서처럼 하라》의 저자 조관일 박사는 "한 사람이 일생 동안 경험하는 고통의 총량은 불변하다."고 말한다. 젊어서 우여곡절의 어려움을 몸소 경험한 사람은 인생 후반기에 삶의 보람과 가치를 만끽하는 경우가 많다. 인생에는 한없이 내려가는 하강 곡선만 있는 것이 아니다. 올라가면 내려와야 하고, 내려가면 올라갈 때가 반드시 온다는 것은 세상 이치이기도 하다. 사람은 저마다 힘든 인생을 살아간다. 다만, 힘든 정도와 수준이 다를 뿐이다. 힘들지 않고 편안한 삶을 살아온 사람은 후에 힘든 시절을 맞이할 수 있다.

아버지, 어머니는 가난한 살림살이보다는 가족의 건강과 앞으로의 행복을 더 염원하셨다. 충분히 우리 가족은 어려움을 극복할 수 있으리라는 확신을 가지셨다. 부모님의 확신은 굶주림을 극복하기 위한 지독한 열정을 우리 7남매에게 남겨 주셨다. 그래서 이제는 수많은 우여곡절과 고통을 꿋꿋하게 견디며 살아온 지난날의 힘든 시절을 옛이야기로 말할 수 있다.

우리는 희망을 안고 열심히 살아가지만 때로는 절망도 한다. 실패와 성공은 동전의 양면과 같은 것이다. 실패 없이 큰 성공을 거둔다는 것은 쉽지 않은 일이다. 문병란 시인은 시 '희망가'에서

> 얼음장 밑에서도
> 고기는 헤엄을 치고
> 눈보라 속에서도
> 매화는 꽃망울을 튼다.
>
> 절망 속에서도
> 삶의 끈기는 희망을 찾고
> 사막의 고통 속에서도
> 인간은 오아시스의 그늘을 찾는다.

눈 덮인 겨울의 밭고랑에서도
보리는 뿌리를 뻗고
마늘은 빙점에서도
그 매운맛 향기를 지닌다.

절망은 희망의 어머니
고통은 행복의 스승
시련 없이 성취는 오지 않고
단련 없이 명검은 날이 서지 않는다.

꿈꾸는 자여,
어둠 속에서 멀리 반짝이는 별빛을 따라
긴 고행 길 멈추지 말라

인생항로 파도는 높고
폭풍우 몰아쳐 배는 흔들려도
한 고비 지나면
구름 뒤 태양은 다시 뜨고
고요한 뱃길 순항의 내일이 꼭 찾아온다.

※ 문병란 시집 〈직녀에게〉 중에서

라고 이야기한다. 희망이라는 용어는 살맛 나는 세상을 기다리게 하는 이정표이다.

낯선 곳으로의 유학

제2의 고향, 부산

그즈음 부산 형님은 시내버스 운전을 하셨다. 형님은 비교적 일찍 부산에 정착하셨고, 운전일은 오랜 기간 형님의 직업이었다. 생활이 넉넉하지 않음에도, 동생들에 대한 남다른 애정과 믿음으로 동생 둘의 '고교 부산 전학'이라는 어려운 결정을 하셨다. 형님이 사시던 곳은 영도구 영선동이었다. 산복도로를 끼고 있다고는 하지만, 산비탈길 소로 옆 오두막 같은 집이었다. 형님과 형수가 거처하는 방과 또 다른 방, 두 개의 방과 부엌이 있는 작은 집이었다. 나는 동생과 함께 방 하나를 차지하고 부산 생활을 시작하였다.

전학 당시 학교는 종합고등학교였으나 지금은 인문계 고등학교로 바뀌었다. 학교는 부산진구 전포동에 있었다. 집에서 학교까지는 버스로 약 1시간이 소요되었다. 만원 버스를 타고 학교에 다니는 것은 결코 쉬운 일이 아니었다. 학교는 한 학년이 2개 반이었다. 그중 한 개 반은 인문계이고, 다른 한 개 반은 기술계였다. 나는 인문계 반이었다. 학교 분위기는 몇몇 친구를 제외하면 공부와는 거리가 먼 듯했다. 그런 가운데도 항상 함께하는 친구들이 있었으니 이후 부산지방법원 과장을 지낸 오○○, 서울서부지검 사무국장을 지낸 정○○, 부산기능대학 교수 박○○ 등이다. 그 친구들과는 지금도 절친으로 지내고 있다.

처음에는 모든 것이 낯설고, 학교생활이 힘든 것은 말할 것도 없었다. 호남과 영남 사투리가 뒤엉켜 의사소통은 어려웠고, 함께 어울리기도 쉽지 않았다. 학교생활을 시작한 지 20여 일이 지났을 무렵, 겨울방학이 시작되었다. 방학을 앞두고 기말고사를 쳤는데 성적이 형편없었다. 특히 영어와 수학이 많이 부족했다. 농업고등학교에 다니던 학생에게 그것은 당연한 현상이라고 스스로 위로했다. 다만 이럴수록 영어, 수학에 집중하여 대학에 가야 한다는 생각을 하였다. 서면에 있는 부산학원 영·수 반에서 책과 씨름하였다. 부산까지 유학을 왔는데 꼭 성공해서 부모님을 기쁘게 해드려야겠다고 스스로 다짐을 했기에 공부 이외에는 그 무엇도 생각하지 않았다.

늦은 밤 부산진구 서면에서 영도구 영선동행 마지막 버스를 타고 집에 도착하는 일이 반복되었다. 고등학교를 졸업할 때에는 비교적 우수한 성적이었고, 이어지는 대입 학력 예비고사를 거쳐 대학에 가

부산동고등학교

는 데 성공하였다. 당시 내가 다닌 고등학교에서는 대입 예비고사에 세 명이 합격했는데, 나와 오○○, 그리고 동생이었다. 나와 같은 고교에 다니던 동생은 고교 2학년 때 대입 검정고시에 합격하고 바로 대입 예비고사까지 합격했다. 그리고 곧바로 대학에 입학하였다.

내가 17회 졸업생이니 당시 학교는 역사도 짧았다. 하지만 지금은 역사와 전통을 자랑하는 학교가 되었다. 당시에는 여러 가지 면에서 초라하기만 했던 종합고등학교가 몇 년 후 고교평준화로 인해 우수한 학생들이 입학하였고, 엄청나게 큰 규모의 학교로 변하면서 학교명도 바뀌었다. 지금은 국회의원, 지방자치단체장, 의사, 법조인 등 성공한 동문이 많아 이루 다 열거할 수 없을 정도라고 한다. 참으로 자랑스러운 일이다.

대학 시절

그 시절 대학을 간다는 것은 상상하기 힘들었다. 먹고사는 일이 시급했기 때문이다. 어린 시절 굶주림이 몸에 배어 있던 터라 속마음은 '어지간한 고통은 이겨낼 수 있겠다'는 생각이 있었다. 대학을 가야만 이 희망이 보일 것 같았다. 우여곡절 끝에 동아대학교 법학과에 입학하였다. 법학과에 진학함으로써 마음은 한껏 부풀어 있었다. 아버지 어머니께서도 같은 생각이셨을 것이다.

그 당시 동아대학교는 지방대학 중 법대만큼은 경쟁력을 인정받고 있다는 소식에 다행스럽다는 생각을 했다. 그리고 공부에만 전력을 기울이겠다는 다짐을 하였다.

그런데 생각처럼 되지 않는 게 우리네 인생사다. 당시 대학 진학을 하는 데 등록금이 문제였다. 부산 큰형님은 등록금을 마련할 여력이 없었다. 별 대책 없이 그냥 시간을 보내던 어느 날, 아버지께서 등록금을 마련하여 부산에 오신다는 소식을 접했다. 아버지는 두 아들의 대학등록금(28만 원으로 기억)을 전대에 넣어 허리춤에 차고 오셨다. 얼마 되지 않은 논과 밭을 팔았다고 했다. 그날 밤 아버지, 형님, 형수님, 나와 동생은 아버지가 전대에서 풀어놓으신 등록금을 앞에 놓은 채 누가 먼저랄 것도 없이 눈시울을 적셨다. 한참 동안 말 없는 시간이 그렇게 흘렀다.

그 시절 그 순간을 떠올리면 지금도 절로 눈물이 날 지경이다. 아버지의 자식에 대한 믿음과 사랑, 학업에 대한 남다른 열정 때문에 오늘 이 모든 일이 가능했다. 성공하면 마을 앞 좋은 위치의 논과 밭을 사서 부모님께 드려야겠다는 다짐을 했었는데 그렇게 하지 못했다. 지금은 이 세상에 계시지 않는 아버지, 어머니의 자식에 대한 헌신적인 사랑에 다시 한번 감사드린다. 형편이 어려운 가운데서도 동생들 뒷바라지하시느라 생활이 더욱 힘드셨을 형님과 형수님께 감사와 고마운 마음을 전한다.

대학에 입학하고 1년간은 부지런히 학업에 충실하였다. 도시락을 두 개씩 들고 학교에서 점심, 저녁을 해결하였다. 대학 본관 4층 법우회는 고시 공부를 하는 선배, 친구들의 독립 공간이었다. 법우회 멤버였던 신○○, 배○○ 선배, 김○○ 변호사, 오○○ 법무사, 강○○이 절친으로 함께했다. 법우회 시절 새벽에 우유배달을 했다. 짐바리 자전거를 타고 새벽 다섯 시, 영도구 영선동을 출발하여 남구 문현동까지 돌면 세 시간이 걸렸다. 우유병 세 상자를 자전거에 싣고 동네 구멍가게와 가정집에 배달하는 일이었다. 배달을 마치고 다시 자전거를 타고 집으로 돌아와 학교에 가곤 했다. 살을 에는 듯한 겨울바람을 맞으며 우유배달을 했다는 사실이 믿기지 않는다. 우유배달을 위한 자전거 사용료 등 보증금이 없어 충남 예산에 사는 누님댁을 찾았다. 누님을 찾아 사정을 말했더니 신혼예물 금목걸이를 주셨다. 지금 돌이켜보니 철없는 짓이었다. 겨우 교통비와 용돈 정도를 버는 우유배달을 끝내면서 전당포에 맡겨두었던 목걸이를 찾아 누님에게 돌려

주었다. 고마운 마음을 항상 갖고 살면서도, 동생 노릇을 제대로 못하고 있다. 송구하기 그지없다.

  우유배달을 끝낼 즈음, 대학에 입학한 지 1년여가 흘렀다. 더는 형님댁에 머무르기가 어려워서 거처를 국제시장 부산법률연구원으로 옮겼다. 그곳은 그냥 일반독서실이었다. 의자 서너 개를 붙여 잠을 청했고, 바로 인근 식당에서 월식사를 했다. 수업을 야간으로 돌리고, 낮엔 또 다른 일을 했다. 가정교사를 두 곳 뛰었다. 서대신동 중3 학생네는 아버지가 부산철도청 기관사였고, 용두산공원 아래 중2 학생네는 한의원 집이었다. 부유한 가정의 그네들이 부러웠다. '세상에는 많은 것을 갖추고 사는 사람들이 이렇게 있구나.'라는 생각을 했던 기억이 새롭다.

  가정교사를 그만두고는 대학출판사가 발간한 '고려사' 번역본을 들고 성공한 동문을 찾아가 판매하는 일을 했다. 쉽지 않은 일이었다. 문전박대를 당하는가 하면 이런 일 말고 다른 일을 해보라는 훈계도 들었다. 6개월이 지난 시점에, 돈도 안 되는 책 파는 일을 더 해서는 안 되겠다 싶어 그만 접었다. 이런 일들이 추억일 수도 있겠지만, 그러기엔 너무도 힘든 시간이었다.

  기나긴 인고의 시간을 그렇게 보냈다. 시인 김광균의 '영도다리 – 소월에게'라는 시가 생각이 난다. 시인은

영도다리 난간에 기대어 서서
오늘도 생각한다.
내 이곳에 왜 왔나
부두엔 등불이 밝고 외국상선들 때맞춰 꽃고동을 울려도
손목잡고 밤샐 친구 하나도 없이
아침이면 조용한 군중에 등을 밀리고
황혼이면 고단한 그림자 이끌고
이 다리 지난지도 어언 한해
〈살기가 왜이리 고달프냐〉던 소월素月 만나러
주막집 등불 찾으면
적동색赤銅色 어부들 낯선 사투리로 떠들어대고
내려다보니 태평리 나루터엔 바람소리 뿐
무명산無名山 기슭엔 누가 사는지
나란히 조는 등불 정다웁지만
영도다리 난간 이슬에 젖도록
혼자서서 중얼거리니
먼 훗날 누가 날 이곳에서 만났다 할까

※ 김광균 시집 중에서

라고 한다. 어느 따뜻한 봄날 추억의 영도다리를 혼자서 걸어보고 싶다.

생계를 위한 사회생활의 첫걸음

울주군 두광중학교에서

어느덧 대학 3학년이 되었다. 열심히 전공과목에 매진해야 함에도 그럴 여건이 아니었다. 좀 더 안정된 일을 찾던 어느 날, 신문광고에

두광중학교

서 경남교육위원회 5급을류(현9급) 행정직 공채시험 공고를 보게 되었다. 어차피 야간수업을 들으려면 이 길도 괜찮겠다고 생각했다. 그래서 응시한 결과, 합격할 수 있었다. 총 100명을 선발하여 경남도 내 각급 학교 서무과에 배치하였는데, 나는 울주군 두광중학교 서무과에 발령을 받았다. 발령통지서를 받고 부산에서 시외버스를 타고 언양을 거쳐 비포장도로를 따라 두서면 소재지에서 경주 방향으로 10여 분 달리니 거기 논 가운데에 학교가 있었다.

학교는 규모가 컸고, 학교 앞 경부고속도로 변에 정류장이 있었다. 천일고속버스가 일정 간격으로 정차하는 곳이었다. 두광중학교에서 부산까지는 40여 분이 걸리는 곳이어서 경상남도 전체에서도 교직원들이 근무를 선호하는 학교라고 했다. 전교생이 1,000명, 교사 30명의 남녀 공학 학교로, 시골 학교라고는 믿기지 않을 정도로 규모가 컸다. 서무과에는 6급 서무과장과 9급 1명, 기능직 2명, 일용직 2명, 교내외 잔심부름을 도맡아 하는 소사 아저씨가 있었다. 학교 뒤편에 교장 사택이 한 채 있었는데, 거기 방 한 칸을 얻어 자취를 시작했다. 간단한 살림살이와 침구, 주방용품을 구비하니 살아갈 만했다. 먹고 사는 일이 해결되어서인지 이제껏 느끼지 못한 새로운 세상이었다. 매일 오후 4시면 학교 앞 인보정류장에서 천일고속버스를 타고 부산 동대신동 대학교로 향했다. 두광중학교에서 대학까지는 1시간 반 정도 걸렸다. 힘들다는 생각은 조금도 하지 않았다. 수업을 마치고 두광중학교로 돌아올 때에 노선버스가 끊길 때가 많았다. 그럴 때면 동

래온천장 화물차 휴게소에서 서울로 향하는 화물차를 얻어 타고 두광중학교 숙소로 돌아오곤 했다. 화물차 운전 기사에게 담배를 사서 건네는 것도 잊지 않았다.

그 시절 자취방에는 친구들이 자주 찾아왔다. 오○○, 최○○ 등은 이곳에서 자주 만나던 멤버였다. 자취방에선 언제나 밥은 먹을 수 있었기에 내 마음도 한결 가벼웠다. 친구들도 그런 분위기 때문에 자주 찾았을 것이다.

학교 서무과에는 서무과장과 직원 네다섯 명이 근무했다. 서무과장은 4급갑류(현, 6급)이다. 두광중학교에서 서무과장으로 세 분을 차례로 모셨다.

박○○ 과장님은 전남 진도군 조도면이 고향이다. 조용한 성품의 과장님은 테니스를 즐겼고 학교 선생님들과 유대관계가 아주 좋았던 것으로 기억한다. 무슨 일이든 선생님들과 의논해서 정하고 그들의 협조를 구했다. 그러다 보니 선생님도 서무과 직원들에 대해 좋은 인상을 주려고 애쓴 흔적이 역력했다. 상호 윈-윈의 길을 선택했다고나 할까? 아무튼 그런 좋은 분위기에서 시간은 잘 가고 있었고, 나는 그분의 도움으로 큰 어려움 없이 대학을 다닐 수 있었다.

또 다른 한 분은 박○○ 과장으로 그는 별난 성격의 소유자로 교사들로부터 환영받지 못한 인물이었지만, 내가 학교 다니는 데 힘들게 하지는 않았다. 돌이켜보니 힘들게 하기는커녕 인정미 넘치는 분이었다. 멋을 낼 줄 알았고, 그래서인지 휴일이면 부산 광복동, 남포동으로 나를 데려가 구두와 옷 등을 사주곤 했다.

세 번째 과장님은 최○○ 님으로 부산이 고향이다. 내가 언양중학교로 전보 발령이 난 이후 도교육위원회를 거쳐 문화부로 옮겨 문화체육관광부 체육정책과장을 역임하였다. 내가 1997년 국무총리실 파견근무 당시 사무실이 있던 광화문 이마빌딩과 문체부가 가까운 거리에 있어 자주 만나 식사도 하면서 옛이야기를 하곤 했다. 그는 퇴직 후에는 경주시 양남면에 소재한 서울퍼블릭 골프장 대표로 부임하였다.

두광중학교는 동아대학교 출신 교사들이 전체 3분의 2를 차지할 정도로 많았다. 선배들은 틈만 나면 한결같이 "대학졸업자가 학교 서무과에서 이런 일이나 계속할 테냐?"고 핀잔을 주곤 했다. 모두 나를 위해 하는 말이라고 생각했다. 하지만 당장 어떻게 할 수가 없었다. 그동안 행정고시 공부를 한답시고 법학, 행정학, 경제학 공부를 하고는 있었지만, 행정고시 합격에 근접하기에는 몹시 어려운 단계였다. 그렇게 시간은 흐르고 있었다. 하루하루 생활은 즐거웠지만 앞날에 대한 걱정은 커졌다.

1977년 2월, 여전히 중학교 서무과에 근무 중이던 나는 대학을 졸업하게 되었다. 당시 동창들은 고시를 준비하거나 공기업·법원·검찰직을 준비하기도 했고, 일부는 학교 교사로 진출하고 있었다.

그리고 언양 중·고등 학교에서

1977년 8월 중순, 두광중학교에서 승진과 함께 인근 언양 중·고등 학교로 전보 발령이 났다. 울주군 언양면은 울산 시내에서 20분 거리에 있다. 경부고속도로 언양 톨게이트가 있어 교통이 편리한 곳이다. 근래엔 경부고속철도 울산역이 언양에 위치하여 명실상부한 교통의 요충지가 되었다. 언양 중·고등 학교는 두광중학교보다 큰 규모였다. 서무과 근무 인원은 두광중학교보다 2명 정도 많았다. 건장한 남자 기능직 박○○, 장○○은 지금도 기억이 날 정도로 즐거운 시간을 함께했다.

숙소는 언양면 소재지 시장터 부근 주택이었다. 우리 학교 윤○○ 영어 선생 댁이었다. 숙소에서 학교까지는 걸어서 20분 정도가 걸렸다. 일이 바쁘지 않은 낮에는 직원들과 즐거운 시간을 보냈다. 가끔은 선생님들과 테니스를 즐기기도 했다. 저녁 시간은 숙소에서 주로 책을 읽는 것으로 시간을 보냈다.

언양고등학교

오직 대학공부를 마쳐야 한다는 일념으로 공직에 입문하면서 주경야독의 힘든 시간을 보낸 기억이 마음속 깊은 곳에 옛 이야기로 남아있다. 시인 김환식은 그의 시 '버팀목'에서

> 산 나무가 죽은 나무에게 의지하고 있더라
> 허접한 어깨도 누군가에게는 한생을 비빌 언덕이 된다는 것
> 또 누군가는
> 그런 투박스런 내 어깨에도 기대려고 할지 몰라
> 오늘 죽은 나무도 어제는 산 나무였을 테지만
> 생전에는 모질게 무시당했을지 누가 알아
>
> - 하략 -
>
> ※ 김환식 시집 〈버팀목〉 중에서

라고 읊는다.

생계를 해결하기 위하여 시작한 공직생활이 3년 4개월간 지속되었다. 그리고 학교 서무과를 떠난 것은 부산 생활에 종지부를 찍는 일이었다. 나는 첫 직장에 대한 애착이 많다. 어느 날 부산 가는 길에 두광중학교를 들른 적이 있다. 낡고 초라하기만 한 학교는 전교생이 50명이라고 했다. 격세지감이 느껴졌다. 20대 청춘이 공부를 하기 위해 택한 첫 직장을 다시금 생각하면서 잘 견디며 살았다고 스스로를 위로했다.

3

손가락으로 바위를 뚫어라

운명의 멘토를 만나다 64
공직은 나의 사명이었다 70
청춘을 불사르다 90
성숙해진 나를 발견하다 117
열정과 도전의 시간들 137

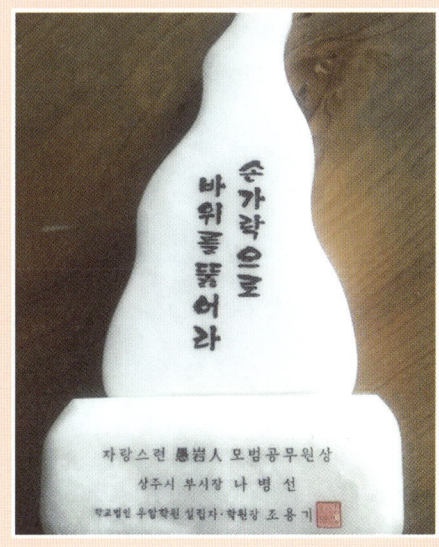

운명의 멘토를 만나다

손가락으로 바위를 뚫어라

"손가락으로 바위를 뚫어라"는 모교 설립자 우암 조용기 학원장님께서 후학들에게 전하는 훈시 말씀이다. 우암학원은 1950년대 군용 천막으로 시작한 아주 작은 규모의 학교재단으로, 그곳에 옥과농업

옥과고등학교

기술중학교와 옥과농업고등학교가 함께 있었다. 1967년 농업기술중학교 입학 당시에는 길게 뻗은 기와집 한 동에 조그마한 운동장이 전부였다. 중·고등 학교 모두 1개 학년이 한 개의 반으로 운영될 정도로 규모가 작았다. 그러던 옥과농업고등학교는 인문계 옥과고등학교로 바뀌었다. 이후 우암학원은 1990년 옥과에 전남과학대학교를, 1999년 광주광역시에 남부대학교를 설립함으로써 학원사의 새로운 지평을 활짝 열었다. 농업기술중학교 시절 학교 당국에서는 '학교발전 5개년 계획' 청사진을 학생들에게 설명하면서 현대식 교사 신축과 교직원 기숙사 설립계획 등을 들려주곤 했다. 그때는 전혀 실감하지 못했는데 지금에야 마음으로 느끼고 있고, 그 시절을 생생한 기억으로 다시금 떠올리게 된다.

학교법인 옥과농도숙에서 오늘의 우암학원으로 발전하기까지는 설립자이신 우암 조용기 학원장님의 투철하신 교육철학과 건학이념이 있었다. 삼애정신(*하늘의 도를 공경하며 인간을 사랑하고 흙을 사랑함)의 교육철학을 바탕으로, 건학이념(*도의교육, 협동정신, 직업교육)을 실현하기 위한 불굴의 의지와 각고의 노력이 있었기에 가능한 일이었다. 천막 교실에서 시작하여 인문계 고등학교와 2개 대학까지 탄생시키는 일은 웬만한 사람은 꿈도 못 꿀 일이다. 우암 조용기 학원장님의 교육에 대한 열정과 국가와 사회를 생각하는 마음이 없었더라면 불가능한 일이었을 것이다. 그때 그 어려운 시절을 이겨내고 대학교육이라는 새로운 차원의 학원 역사를 써나가고 계시는 것을 생각하면 마음이 뭉클해진다.

　전남과학대학교는 졸업 후 학생들이 산업현장에서 바로 활용할 전문 기술인력을 양성한다는 점에서 우리 시대 최대 이슈인 청년실업을 해소하는 데 앞장서고 있고, 남부대학교는 최첨단 기계기술과 지식 정보화를 선도하는 특성화 대학으로서의 사명을 다하고 있다. 이는 시대정신에 부합하는 일이 아닐 수 없다. 나는 초등학교 졸업 후 만 3년이 지나서야 중학교 과정에 입학할 수 있었다. 먹고사는 일이 무엇보다 시급했기 때문에 학교공부는 그다음 문제였다. 중학교 과정은 공립인 옥과중학교가 있었지만, 늦깎이 학생이 입학하는 데는 어려움이 많았다. 그런 점에서 옥과농업기술중학교는 나에게 구세주나 다름없었다. 그리고 중학교 졸업과 동시에 옥과농업고등학교에 입학하였다. 그런 일련의 교육과정을 거치지 못했다면 지금의 나는 어떤 모습일까를 생각해 본다.

　그 당시 학교생활은 특별활동 시간이라는 이름으로 벽돌을 나르기도 했고, 책보자기에 모래를 담아 나르기도 했다. 교실 신축공사에 도움이 되기 위해서였다. 삽과 괭이를 들고 학교 실습장이 있던 마전리 뽕나무밭에서 일할 때도 있었다. 하지만 불평하는 학생은 없었던 것 같다. 오직 선생님의 말씀이 전부라고 생각했고, 열심히 공부하는 데에만 관심을 가졌다. 당시 선생님과 학생과의 관계는 부모 형제와도 같은 관계를 맺었던 것 같다. 물론 학생 수가 적었기 때문일 수도 있다. 어쨌든 김인숙·김두회 영어 선생님, 유봉남 음악 선생님, 강영찬·김영수 수학 선생님, 김종순 국어 선생님, 이분들은 모두가 진정한 스승의 모습을 보여주셨다. 우리가 열심히 공부해서 국가발전에 이바지할 수 있는 사람으로 성장하길 진심으로 바라셨다. 그중에서도 특히 가끔씩 희망과 용기의 훈시 말씀을 들려주신 조용기 학원장님은 오늘의 내가 있도록 그 근원을 만들어 주셨다.

내가 상주 부시장으로 재직하고 있던 2010년 따뜻한 봄날, 모교인 옥과고등학교를 찾았다. 후배들에게 도움이 되는 이야기를 들려주면 좋겠다는 학교 측의 요청이 있었기 때문이다. 이전 몇 차례 요청이 있었지만 업무형편상 쉽게 결정을 못 했었다. 당시 교장 선생님께서는 옥과고등학교가 수년 전부터 교육과정에 선배들의 이야기를 듣는 시간을 편성하여 운영한다고 했다. 300여 명의 남녀 학생들이 강당을 가득 메웠다. 호남에서 시골 학교를 졸업한 촌놈이 영남에서 부시장직에 오르게 된 사연이 궁금했을 것이란 생각이 들었다. 1시간가량 나의 지난 삶의 과정을 가감 없이 털어놓았다. 지금과는 비교할 수 없을 만큼 열악한 환경에서 학업에 전념했던 그 당시를 회상하며 지난 시절을 이야기하였다. 초롱초롱한 눈망울의 학생들을 보니 마음이 뿌듯했다. 부시장으로 재직하면서 매사에 바쁘긴 했지만, 후배들을 만나 지나온 나의 발자취를 이야기할 수 있다는 것이 그 어떤 일보다 중요하게 생각되었다. 참으로 보람 있는 일이었다.

자랑스런 우암인 모범공무원상을 수상하다

그리고 다시 그해 광주 남부대학교에서 개최된 우암학원 건학 60주년 기념행사에 초대되었다. 그 행사에서 조용기 학원장님께서 '자랑스런 우암인 모범공무원상'을 주셨다. 진귀한 흰 돌로 정교하게 만들어진 상패에는 학원장님의 훈시인 "손가락으로 바위를 뚫어라"라는 문구가 새겨져 있었다. 그 문구는 고등학교 교문 옆, 큰 돌에 자랑스럽게 새겨져 있다. 학원장님께서 주신 상패를 스마트폰에 저장하여 기회가 있을 때마다 들여다보며 각오를 다지곤 한다.

옥과농업기술학교와 농업고등학교는 오늘의 내가 있도록 주춧돌을 놓아 준 고마운 곳이다. 이러한 내 생각은 당시 함께 공부했던

선·후배 동문의 생각과도 다르지 않다. 어려웠던 시절 꿈과 희망을 잃지 않도록 격려해 주시고 인도해 주셨던 학원장님의 은덕에 감사의 말씀과 고마운 마음을 전해드린다. 열악한 환경에서 하나라도 더 가르치려는 마음으로 학생들을 동생같이, 자식같이 지극 정성으로 돌봐주셨던 선생님들께 감사를 드린다. 나는 자랑스러운 모교를 늘 기억하고 있다. 그리고 나의 성장의 주춧돌이 되어 준 그 학교가 명문사학으로 발전하여 그곳에 우뚝 서 있다고 자랑스럽게 이야기하곤 한다. 지금까지 그랬듯이 앞으로도 우암학원이 국가발전은 물론이고 지역의 중심축 역할을 할 수 있을 것으로 기대해 마지않으며, 앞으로 더욱 발전하여 세계 속의 명문사학으로 나아가길 바라는 마음 간절하다.

공직은 나의 사명이었다

꿈과 희망을 주신 부모님의 밥상머리 교육

아버지는 20세기 초에 태어나 73년을 살으셨다. 제2차 세계대전을 알고 계셨고 6.25를 비롯하여 우리나라 근현대사의 굴곡 많았던 사건들을 기억하며 사셨다. 가난으로 끼니를 걱정했어도 돈을 번다든가 농사일을 하는 것은 남의 일로 생각하신 것 같다. 반면에 면사무소와 군청을 자주 출입하셨다. 일제 강점기를 겪으면서 일본어를 하셨고 한학도 하셨다. 마을의 많은 일을 해결하는 데 앞장서기도 하셨다. 대일 민간청구권 수혜 대상자 여부를 확인하기 위한 일본어 편지 쓰는 일은 아버지 몫이었다. 면 소재지 노인회관에 노인대학을 설립하여 운영하고, 졸업할 때는 조선대학교에 재직하는 지인을 통해 학위복을 빌려 졸업식을 치르곤 했다.

아버지 · 어머니

　내가 중학교에 다닐 즈음 아버지께서 자주 들려주시던 고등고시 합격 아저씨 성공담은 내가 농업고등학교 2학년 말 부산으로 전학하기까지 이루 헤아릴 수 없을 만큼 자주 들었던 이야기이다. 나의 내면에서는 '법대를 나와 고시에 합격해야만 성공하는 사람이 될 수 있겠구나.'라는 생각이 들었다. 그래서 대학을 갈 때도 주저 없이 법학을 선택했다. 아버지의 영향 때문이었다. 그때 면 단위 지역에서 농업중학교와 농고를 다니던 때에 이웃동네 아저씨의 고등고시 합격담을 들려주셨던 아버지가 계셨기에 동생은 사법시험에 합격하여 판사를 지낼 수 있었고, 나는 부시장직에 오를 수 있었다.

　청소년 시절엔 곁에서 누가 어떤 이야기를 자주 들려주느냐가 대단히 중요한 일임을 나는 경험으로 알게 되었다. 누구나 목표를 세우

용두리 마을

고 그 일을 이루려는 의지로 끊임없이 노력하면 이루지 못할 일이 없을 것이다. 어느 저명인사도 그의 저서에서 말하지 않았던가. "포기하지 않으면 불가능은 없다."라고 말이다.

퇴직 후에 나는 대학 행정학과에서 강의를 잠시 했었다. 학생들에게 꿈과 비전을 가지라고 주문했다. 대구 시내 중·고등 학교에서 특강을 통한 교육 기부를 한 적이 있는데, 거기서도 어김없이 그들에게 '꿈을 가지라'고 했다. 다양한 직업을 말해주고 책을 소개하기도 했다. 어쩌면 학생들은 많은 시간이 흘러서야 '그때 그 사람의 이야기가 이런 것이었구나'를 알게 될지도 모른다. 어쨌든 "꿈과 비전을 가져라" 하는 이야기는 자주 듣고 마음에 새겨야만 실행에 옮길 수 있다는 것을 뒤늦게 알게 되었다. 50년을 훌쩍 넘긴 지금, 그때의 아버지 생각으로 뭉클한 가슴을 억누를 길 없다.

김진원 시인은 시 '아버지'에서

멀리 뒷모습만 보여도
감사와 기쁨만으로 숨 가쁘게 달려가
신뢰의 팔을 붙잡습니다

- 중략 -

낮지만 단호한 음성은
강인하고, 바르게 거듭나
험난한 파도도 넘게 하고
잠잠히 지켜보는 의연함은
무한한 용기와 믿음을 가르쳐 줍니다.

- 하략 -

※ 김진원 시집 〈당신〉 중에서

라고 적었다. 그리고 그런 아버지께 "존경과 감사의 관 순전한 사랑의 면류관을 씌워드립니다."라고 하였다.

가난을 온몸으로 이겨내야 했던 어머니는 모든 집안일이며 농사일로 우리 가정의 생계를 책임지셨다. 내가 초등학교를 졸업한 후로는 어머니를 따라 나무를 하러 다녔다. 마을 어머니 또래분들과 함께 십 리도 더 되는 곳까지 나무를 하러 다녔으니, 지금 시점에서 보면 상상이 안 되는 풍경일 것이다. 멀고 가까움을 불문하고 산마다 빽빽한

숲으로 우거져 사람 접근이 어려울 정도의 대한민국 산하를 생각하면 강산의 변화를 새삼 실감하게 된다.

어머니는 나무 동을 머리에 이고 집에 돌아와서는 절구에 겉보리를 넣고 찧어 보리쌀을 만들고 밥을 하셨다. 너무나도 일상적인 일이 되어 그땐 그런 생활이 당연한 줄로만 알았다. 돌이켜보니 우리 가정은 최하위 수준의 삶을 살았다. 가을철 벼를 수확하는 시기에는 동네에 서넛 되는 부잣집의 벼를 베 주고, 또 벼 탈곡을 해서 번 돈으로 보리와 쌀을 사서 끼니를 해결했다. 어머니와 작은형님 그리고 내가 남의 집에서 수없이 많은 농사일을 했음에도 우리집은 겨우 끼니를 해결하는 수준이었으니 어머니 마음이 오죽했을까 싶다.

추운 겨울 저녁이면 어머니를 따라 인근 마을 운산촌(원평리)에 고구마를 사러 갈 때가 많았다. 그날은 고구마가 한 끼 식사였다. 고구마를 삶아 김치에 걸쳐 먹는 것으로 저녁밥을 대신했다. 해 질 녘 고구마를 사러 가는 날이면 왜 우리집은 이렇게 가난하게만 살아야 하나를 생각했다. 그래도 어머니는 언제나 희망적인 이야기로 머지 않아 우리도 반드시 잘살 날이 올 것이라고 했다. 이 점에서 아버지와 늘 같은 생각이셨다. 7남매가 희망을 잃지 않고 성장하면 언젠가는 잘살 때가 오리라는 기대를 하고 계셨다. 그래서인지 가난했지만 힘들다고 하지 않으셨고, 아버지가 무직인 상태였지만 아버지에 대해 불평을 하지 않으셨다.

고향집에서 (1994년)

　어머니는 누구를 원망한 적이 없었다. 옥과 읍내에 빵집을 열었을 때도 아버지보다는 어머니의 역할이 더 컸다. 친절이 언제나 몸에 배어 있었고, 우리보다 형편이 못한 사람에게는 빵 하나라도 더 주려고 하셨다. 우리는 그런 모습을 곁에서 지켜보며 자랐다. 그때 그 시절 힘들었지만 싫은 내색 한 번 안 하시고 어머니가 잘 견뎌 주신 덕에 오늘의 내가 있다. 한때는 용두리 고향집 뜰방에서 손자 손녀들과 사진을 찍던 때가 있었는데, 이제는 그 아이들도 다 자라서 어른이 되었다. 다만, 이제는 그 모습을 보여드릴 수 없으니 가슴이 미어진다. 어머니!! 사랑합니다.

　정연복 시인은 시 '어머니'에서

긴 겨울의 끝머리
나무마다 꽃눈 움트는 때

지상에서의 고단했던 생
가만히 접으시고

생명의 본향인 흙으로
돌아가신 어머니

- 중략 -

따스한 인정의 햇살
조용한 온유함의 달빛이셨던

그리운 어머니

라고 말한다. 어머니가 그립다.

    어느 해 봄날, 아내와 함께 부모님 산소를 찾았다. 부모님 산소가 있는 선산은 의미 있는 곳이다. 초등학교를 다닐 즈음 아버지는 전남 담양에 살고 계신 풍수 할아버지를 자주 만나셨다. 조상의 묫자리를 정하기 위해서였다. 각 지역에 흩어진 조상의 묘를 한 곳에 이장하기 위해서였다. 아버지를 따라 풍수 할아버지가 살고 계시는 담양군 무정면을 자주 다녔고, 그 할아버지가 우리집에 오시는 날에는 마을 어귀에 마중을 나가기도 했다. 그 할아버지의 말씀을 듣고 아버지는 지금의 선산을 마련하셨다. 금액이 얼마인지는 알지 못하지만, 그때 먹고살기도 힘든 시절에 어떻게 그런 일이 가능했을까를 생각한다. 그렇게 해서라도 후대에 훌륭한 인물이 나오길 아버지는 간절히 바라신 것 같다.

풍수 할아버지는 "여기에 조상을 모시게 되면 후대에 큰 인물이 나올 것이다."라고 했다. 그곳은 곡성군 오산면 가곡리 속칭 '작은골'로 알려진 곳이다. 묘터는 호랑이가 입을 크게 벌리고 있는 형상이고, 나지막한 앞산 한 지점에 개 한 마리가 앉아있는 형상이어서 '개사리골'이라고도 부른다고 했다. 묘터가 있는 지형은 어린 시절 나무하러 다니던 곳 중 한 곳으로 평범한 야산이다. 그곳에 각지에 흩어져 있던 조상 묘를 이장하였다. 선산을 찾아 아내와 함께 부모님께 인사를 드리는데 그날 나도 모르게 눈물이 흘렀다. 아내도 흐느꼈다.

선산

아버지께서 이렇게 말씀하시는 것 같았다. "오는 데 차는 막히지 않았느냐? 애야, 병선아, 네가 공직자로서 그 자리까지 갈 것을 이미 알고 있었다. 자랑스럽구나. 네 동생이 판사가 될 땐 너무도 자랑스러워 온 동네 소문내며 다니던 기억이 나는구나. 부시장직에 있을 때 너의 그 자랑스러운 모습을 보지 못한 게 한이 된다. 아무 걱정 하지 말고 잘 살거라. 그리고 갈 때 차 조심하거라." 여기에 어머니도 한 말씀 덧붙이신 것 같았다. "에미와 함께 와주니 고맙구나. 부디 오순도순 잘 살거라. 갈 때 차 조심하고 또 오거라. 그땐 쌍둥이 외손자도 데리고 오너라."

가을에 다시 아버지, 어머니를 뵈러 산소를 다녀오려고 한다.

직업인으로서 공직자의 길에

　대학을 졸업한 이듬해에 우연히도 경상북도에서 주관하는 7급(당시 4급을류)행정직 공채시험 공고를 보게 되었다. 대구에서 발행되는 일간신문에 게재된 그 광고를 보고 시험에 응시하게 되었다. 법대를 졸업한 내가 학교 서무과에서 무슨 뜻을 펼칠 수 있겠는가를 생각하니 금방 답이 보였다. 공고 후 시험일까지는 3개월의 기간이 있었다. 대학에서 공부한 과목을 위주로 좀 더 준비하면 승산이 있어 보였다. 교장 선생 사택에 방 한 칸을 얻어 자취할 때라 시험공부를 하는 데 불편함이 없었다. 그리고 그때는 대학을 졸업했기에 학교 가는 부담도 없어 더없이 좋은 여건이었다. 최선을 다한다는 마음으로 열심히 공부했다. 혹시 직원들이 알게 되면 곤란하겠다는 생각이 들어 주로 숙소에서 밤을 새워가며 책장을 넘겼다.

　시험일이 다가왔다. 비가 내리는 그날, 시험장인 대구광역시 서문시장 인근 여자상업고등학교에 도착하였다. 50명 모집에 2,500명이 응시하여 경쟁률 50:1로 2개 교실에 1명이 합격하는 비율이니 합격 가능성을 가늠하기 어려웠다. 다만, 시험을 잘 치르기만 하면 경쟁률이 높은 것은 걱정할 게 아니라는 생각을 했다. 그런데 시험을 치르고 난 뒤 어느 날, 뜬금없이 인근 언양 중·고등 학교로 전출 발령이 났다. 두서면 두광중학교에서 멀지 않은 곳에 있는 언양은 울주군 면 단위에서 가장 규모가 큰 지역이다. 짐을 꾸려 발령지로 이사를 하였다. 3년여 기간 생활했던 두광중학교가 정이 들었는데 다른 지역으로 가려니 우려되는 바도 있었다. 새로운 사람들을 만난다는 것은 기대와 함께 부담이었다.

새로 부임한 학교에서 분위기를 읽히며 시간을 보냈다. 울주군 교육청에 출장을 가는 날이었다. 그날은 7급 공채시험 합격자 발표일이었다. 조금 일찍 출발하여 교육청 업무를 마치고 곧장 울산 전신전화국으로 향했다. 당시는 시외전화를 하려면 전화국에 가서 신청을 하고 기다려서 통화를 하는 시대였다. 1978년의 일이니 그 사이 대한민국에 얼마나 많은 변화가 있었는지를 새삼 실감한다. 전화국에서 경북도청에 통화를 신청하고 기다린 지 한 시간쯤 지나 전화가 연결되었다. 연결된 전화에서 축하의 목소리를 듣게 되었다. 합격이라고 했다. 반가웠고 기뻐서 어쩔 줄 몰랐다. 전화국을 나서는 발걸음이 가벼웠다. 이제 새로운 도약을 위한 준비를 시작한 셈이었다.

합격 사실이 알려지면서 학교에서 나에 관한 이야기가 떠돌았다. 하루는 교장 선생님이 찾는다고 했다. 교장 선생님은 4급을류 행정직보다는 교육행정직에 근무하는 편이 장래를 위해 더 좋을 것 같다고 하셨다. 서무과장도 같은 말을 했다. 나의 마음은 이미 4급을류 행정직에 가 있었기에 잘 들리지 않았다. 당시 언양 중·고등 학교에 있는 대학 선배들은 이구동성으로 학교 서무과를 떠나라고 했다. 나 총각이 오래 근무할 자리는 아니라고 했다. 학교 서무과에 사직서를 제출하기로 하고 발령일을 기다렸다. 그리고 시간이 흘러 그해 10월 경상북도 영일군청에 발령이 났다. 발령통지서를 받고 보니 이제 나의 길을 찾았다는 기쁨과 안도감으로 마음은 날아갈 것만 같았다. 아버지, 어머니도 기뻐하셨다.

발령통지서를 들고 영일군청으로 향했다. 군청은 포항시 북구 덕산동에 있었다. 포항은 예전에 보경사 가는 길에 스쳐 지난 기억이 있을 뿐, 한 번도 발을 디뎌보지 않은 낯선 곳이었다. 영일군에 발령신고를 하고 자리 배치를 받았다. 그런데 정식발령이 아니었다. 실무수습을 해야 하는데 언제 정식발령이 날지는 기다려 봐야 알 수 있다고 했다.

10년 세월을 보낸 시련의 포항 시절

배치발령을 받고 '실무수습'이란 이름 아래 매월 실·과·소를 옮겨 다니며 근무를 했다. 업무라고 해봐야 일반 심부름이 주된 일이었다. 출장명령서를 경리부서에 가져다주는 일, 회계부서의 지급명령서를 받아 농협에서 현금을 찾아오는 일, 읍·면에 서류를 발송하기 위해 프린터를 하고, 읍·면별 문서함에 서류를 갖다 넣는 일 등, 누구나 할 수 있는 일들이었다.

가장 힘들었던 곳은 산림과였다. 임업직이 거의 전부인 이 부서에서 내가 하는 일은 주로 식목을 하는 현장을 지원하는 것이었다. 시외버스를 타고 식목 현장에 도착하여 마을 인부들을 상대로 나무

심는 일을 도왔다. 산비탈 능선 헐벗은 그곳에 나무를 심는 일은 인부도 힘들었지만, 나도 함께 어려움이 많았다.

식목 현장은 구룡포읍, 동해면이 많았다. 일을 마치고 돌아오는 날이면 몸은 천근만근 무거웠다. 비포장 신작로를 달리는 시외버스는 먼지로 가득했고, 순간순간 '내가 이런 일을 하려고 여길 왔나' 하는 좌절감이 들 때면 머리가 복잡해졌다. 이 상황을 벗어나야 한다는 간절한 마음이 들었다.

새마을 사업이 한창이던 때 부군수실 근무는 새마을 사업과 관련한 자료 정리 등 허드렛일처럼 느껴지는 무수한 일들이 내 몫이었다. 내 처지가 한심하다는 생각을 했다. 1978년 군청 배치발령을 받은 이후, 기쁨은 잠시고 앞날에 대한 불안감으로 걱정은 많아졌다. 당시 합격자 대다수가 정식발령을 받은 터라 더욱 염려가 많았다.

진로를 바꿔야겠다는 생각으로 포항도서관을 찾았다. 당시 대학 친구들은 교직이나 고시합격, 포항제철 입사 등 나름대로 갈 길을 잘 찾았다. 그런 친구들과 견줘볼 때 내 위치는 초라하기만 했다. 특히 정식발령을 받지 못한 시기여서 더욱 그랬다. 국가직 7급 시험을 위해 공부를 하기로 했다. 포항도서관에서 자리 하나를 지정석으로 삼아 공부했다. 저녁밥을 구내식당에서 해결하고 바로 도서관행을 반복했다.

그러나 그해 국가직 시험에 낙방하고 말았다. 허탈한 기분은 이루 말할 수 없었다. 포항제철 입사를 준비했으나 그것도 낙방이었다. 오기가 생겨 도전을 계속하려다 군청 7급직을 천직으로 여기고 여기서 승부를 내야겠다는 생각을 하기에 이르렀다. 낮에 근무하고 저녁에 공부하는 일은 결코 쉬운 일이 아니었음을 다시금 깨달았던 시기였다. 더 이상 다른 직장을 넘보는 걸 포기하고 군청 업무에만 매진하기로 했다.

여러 과를 전전하며 1년여 세월이 그렇게 흘렀다. 정식발령을 언제 받게 될지 알 수 없었고, 인사부서에 문의하면 핀잔을 듣기 일쑤였다. 법대를 졸업하고 7급 공채를 통해 어렵게 온 내가 그런 대우를 받는다는 것이 참을 수 없었다. 몇 번을 망설이다가 시험을 주관한 경북도청을 찾아 그간의 사정을 설명하기로 마음먹었다. 사정이 여의치 않아 시험을 다시 치러야 하나 등등 온갖 생각에 도청 가는 일에도 용기가 필요했다. 전언에 의하면 면접시험일 이후 1년 이내에 발령을 받지 못하면 합격이 무효가 된다는 사실을 접한 것도 이 시기였다.

일단 가서 관계자를 만나기로 했다. 연가를 내고 대구시 북구 산격동에 소재한 경북도청을 찾았다. 시군 인사업무는 지방과 행정계에서 담당하였다. 행정계 최ㅇㅇ 차석을 찾아 아직 정식발령을 받지 못한 나의 현 상황을 설명했다. 그랬더니 그 차석이 영일군청 내무과장에게 전화를 걸어 다짜고짜 따지는 것이었다.

"7급 공채 출신은 군청에 자리가 생기면 언제라도 속히 발령을 내라고 수차례 지시했는데, 그럼에도 불구하고 영일군은 왜 이를 지키지 않았느냐?"는 투였다. 어떻게든 해결이 되겠다는 안도감과 함께 그동안 홀대받았던 시간들 때문인지 속이 후련했다. 당시 도청 지방과는 적어도 그런 부서였다. 임명직 도지사 시절인 데다 도의회도 없어 권한이 대단했고, 무엇보다 도내 사무관 이상에 대한 승진·전보 인사를 담당하였기에 그 위세는 대단했다. 훗날 내가 도청 행정계장으로 근무했는데 그때와는 달라도 너무 달랐다.

도청 지방과를 다녀온 다음 날 출근을 했는데 내무과장이 나를 찾았다. 어제 도청을 다녀온 것 때문이라는 생각으로 어떻게 대처를 해야 이 위기를 넘길 수 있나 걱정이 되었다. 내무과장 책상 앞에 서니 과장은 "이런 일을 내부에서 해결할 생각은 하지 않고 건방지게 누구 허락을 받고 도청에 갔느냐?"라며 야단을 쳤다. 사무실에는 순간 정적이 흘렀다. 내무과 직원 모두가 나를 쳐다보는 듯했다. 창피했지만 한편으론 '진작 발령을 내줬으면 이런 일은 없지 않았느냐.'라고 항변하고 싶었다. 어찌 되었건 내무과장에게 "죄송하게 되었다."고 사과하고 자리로 돌아왔다. 온종일 머리가 복잡했다. 사표를 내고 국가직 7급 시험을 쳐서 새길을 가야 할까, 꾹 참고 발령을 기다릴까. 수많은 생각이 맴돌았다. 그러다 내가 내린 결론은 '도청까지 다녀왔는데 좀 더 지켜보는 게 좋겠다.'는 것이었다. 그로부터 일주일쯤 지나 정식 발령이 났다. 그때 7급 공석이 없는데도 발령이 나다니 참으로 기이한 일이고, 이해할 수 없었다. 어찌 되었건 참고 기다린 것은 잘한 일이었다.

첫 발령은 민원실이었다. 민원창구에 근무하는 기능직이 여러 명 있어 내가 직접 해야 할 일이 많지 않았고, 정식 공무원으로 일하게 되니 자부심도 있었다. 당시 8, 9급 직원들 나이는 대개 30대 후반에서 40대였다. 20대 후반인 내가 군청에서 행정 7급으로 일한다는 건 스스로 위안이 되는 일이고 자랑스럽기도 했다. 민원실 근무 2년을 마치고 민방위과 교육훈련계로 발령이 났다. 당시 민방위 훈련은 1년 내내 교육 훈련이 반복되었다. 우리나라가 북으로부터 위협을 많이 받던 시절이었고, 군대 아닌 후방을 지킬 자원이 필요했던 시기였다. 18개 읍·면을 순회하며 이론교육과 실기교육을 다녀야 했다. 이론교육 강사로 기계면에 살던 이○○ 강사, 포항에 사는 박○○ 강사는 오랜 기간 친분을 유지하며 추억을 나누었던 분이다. 회색빛 민방위 차에 강사를 모시고 환등기를 실어 현장을 누볐던 시절이 주마등처럼 스쳐 지나간다. 아름다운 추억들이다. 이○○ 강사는 몇 해 전 작고하였고, 박○○ 강사는 지방신문에 기고문을 게재할 정도로 왕성한 활동을 하고 있다.

시간은 그렇게 흐르고 있었다. 몇 년을 지내고 보니 군청에서는 내가 성장해 가기에는 불리한 여건이 너무 많았다. 고향이 아닌 데다 학연도 없었고, 무엇보다 7급으로 중간단계에 발령을 받은 것에 대해 8·9급 직원들의 불편한 기색이 역력했다. 그래서 도청으로 전출 갈 방법을 생각하게 되었고, 도청 전입시험을 칠 수 있도록 요청했다. 하지만 매년 추천에서 탈락하고 말았다. 도청에 갈 의사도 없는 직원을 전입시험 대상자로 추천하는 등 인사관리가 말이 아니었다. 그러던 중 소양고사라는 제도를 알게 되었다. 도내 시·군 7, 8급 중 원하는 직원이 경쟁시험을 치르고 그 중 성적이 우수한 사람을 도청에 발령내는 제도이다. 도청 전입을 꼭 해야겠다는 생각으로 관련 서적을 뒤적이며 준비를 했다.

그런데 민방위과에서 다시 새마을과 개발계로 발령을 받았다. 새마을과는 박정희 정부가 기획하고 활발히 전개했던 '대한민국 잘살기운동'을 실시하는 부서로 군청에서 가장 각광 받는 과이자, 업무량도 많은 곳이었다. 주로 도로변이나 철도 주변 가꾸기, 유원지 관리 등 일상의 일을 하던 곳으로, 새마을운동 모범사례를 청와대에 보고하는 일은 군수가 영광스러운 일로 여길 만큼 대단한 일이었기에 공무원들도 사명감으로 일했다.

포항 보경사 상가지구 (1984년)

그 당시, 포항 외곽 영일군 지역의 유원지나 도로, 철도 주변마다 내 발걸음이 미치지 않은 곳이 없었다. 영일군 송라면 보경사 유원지는 사람들이 많이 찾는 명소여서 봄·가을에 매주 토·일요일이면 거기서 근무를 했다. 새마을 모자를 눌러 쓰고 보경사 입장객에 대한 화기 소지 여부를 확인·단속하고, 입구 상인들에게는 길가에 화덕이나 솥 등을 내놓지 못하도록 통제·감독하며 실랑이를 벌이는 일이 주 업무였다. 성격상 강력한 대응을 잘하지 못한 탓에 상사들로부터 꾸지람을 들을 때가 많았다. 주변 상인들에게는 좋은 직원으로 보였을 것이다.

새마을과에서 근무하면서 도청 소양고사에 응시하여 성적우수자로 선정되었다. 발령은 언제 날지 알 수 없었다. 그리고 4년여 기간 새마을과에서 일하던 중 내무과 행정계로 발령이 났다. 행정계는 직원 인사관리, 군수 인사말씀 작성 등 군수와 직접 관련된 일을 처리하는 부서여서 직원들이 선호하는 곳으로 알려져 있다. 당시 경북대학교 행정대학원에서 석사학위를 받은 나로서는 행정계 발령이 석사학위 취득과 관련이 있을 것으로 생각했다. 내가 맡은 일은 군수님 말씀자료를 작성하는 것과 법제 업무 등이었다. 바쁜 업무로 밤 열두 시를 전후하여 퇴근할 정도로 어려움이 많았지만, 존재감을 느꼈고 보람도 있던 시절이었다.

1년 전 소양고사 성적우수자로 선정되었지만 내무과 발령으로 잊고 지낸 어느 날, 경북도청 인사계에서 전화가 왔다. 영일군 직원 중

작년 소양고사를 치렀던 8급 손○○이 도청에 발령이 났으니 나 주사가 바로 연락하여 오후 2시 도청에서 임용장을 받도록 하라는 것이었다. 곧바로 면사무소 해당 직원에게 연락을 했다. 그리고 다시 생각해 보니 '소양고사라면 나도 성적우수자인데, 왜 내게는 말하지 않았지?' 싶었다. 그래서 도청 인사계 그 직원에게 다시 문의를 하니 "자네도 신고를 해야겠네."라는 것이 아닌가. 그 말이 어찌나 반갑던지. 당시 도청 직원이 된다는 것은 영광스러운 일이었다. 특히, 혈혈단신 포항에 정착하여 온갖 어려움을 겪으며 공직생활을 이어왔던 나에게 도청 직원이 된다는 것은 행운이자 장차 더 큰 성장을 예견하는 일이었다. 마음이 한껏 들떴다.

그날 오후 2시, 도청에서 전입 발령장을 받았다. 당시 1위부터 5위까지 모두가 전입 발령을 받았다. 도청 근무는 성장과 발전을 위한 디딤돌이었다. 영일군청에서의 공직생활은 오랜 기간 긴 여운을 남겼으며, 이후 공직을 수행하기 위한 새로운 시작이자, 그것은 나의 사명이었다.

군청 배치 발령에서부터 10여 년을 포항에서 지내는 동안 나는 몸과 맘이 흐트러지지 않도록 운동을 했었다. 찾은 곳은 포항 유도관이었다. 매일 새벽, 자전거를 타고 포항 육거리 한일은행 건물 옆 유도관으로 갔다. 그곳은 사범과 수련원 네다섯 명이 전부였다. 도복을 입고 땀을 흘리며 운동하고 집으로 돌아와 출근하는 일이 반복되었다. 기분은 날아갈 것처럼 상쾌했고, 체력도 좋아졌다. 호신술로도 이만한 게 없다는 생각으로 열심히 운동에 매진했다. 당시 포항제철 직원 이○○과 군청 앞에서 인쇄업을 하던 박○○은 함께 땀 흘렸던 좋은 동반자이다. 한 가지 이상 꾸준한 운동을 한다는 것은 삶에 활력을 주는 좋은 일이다. 돌이켜 보니 유도관 수련은 삶에 대한 의지를 갖게 해주기에 충분하였다.

청춘을 불사르다

첫 발령지 경북농업기술원

1987년 4월, 드디어 경북도청에 전입하였다. 10년 세월을 포항에서 보내면서 그곳을 떠나고 싶은 생각이 내내 들었었다. 마지막 내무

구. 경상북도 청사

과를 제외하면 남들이 기피하는 부서를 전전했기 때문이다. 그리고 승진 기간이 훨씬 지났지만 승진할 기회조차 갖지 못했던 것이다. 내가 태생이 호남이어서였는지, 7급 공채로 중간 단계에 불쑥 끼어 들어온 탓인지 그 이유는 정확히 알 수 없다. 하지만 늦게나마 도청으로 전입할 수 있었던 이후의 시간은 나를 한 단계 더 성숙시키고, 더 나은 미래를 기약할 수 있는 계기가 될 것 같았다. 나의 간절한 바람이 이루어졌기 때문이다.

도청 첫 발령지는 경상북도 농촌진흥원이었다(현, 경북농업기술원). 농촌진흥원은 대구시 북구 동호동에 있었는데, 거기서 팔달교를 지나 대구 시내로 향하는 길목에는 미나리밭과 농경지들이 보일 정도로 시골 같은 모습이었다. 농촌진흥원 앞 들판에는 논, 밭, 과수원 등 20만 평의 진흥원 시험장이 펼쳐져 있었다.

처음에는 총무과 경리계에 배치되어 계약, 경리업무를 담당했다. 7급이었지만 경리계 차석으로서 생각보다 좋은 대우를 받았다. 적어도 도청은 그런 곳이었다. 계장과 나만이 일반직 정규직이었고, 다른 직원들 서너 명은 기능직이나 일용직이었다. 크게 관심을 가질 일도 바쁜 일도 없는 것 같았다. 관용차 포니2를 타고 안동 서후면의 농촌진흥원 북부출장소를 방문하기도 하고, 시군 농촌지도소를 찾기도 했다. 출신 지역, 학교, 출신 배경 등이 다양한 때문인지 편 가르기나 지역색을 이용한 불편함을 더는 알지 못했다. 이전 생활과는 달라도 너무 다른 환경이었다.

마음의 안정을 찾으면서 내가 할 일을 착실히 챙기는 일상이 반복되었다. 통근버스를 타고 출퇴근을 했는데, 수성구 상동 집까지는 한 시간이 걸렸다. 업무 성격상 농촌진흥원 실습지에서 생산한 다양한 농산물을 칠성시장에 팔러 다니기도 했다. 그때 농산물 판로 업무를 담당했던 친구 김○○은 고향이 포항이어서 오래도록 좋은 관계를 유지하였고, 경리업무를 보조했던 박○○과도 일하기가 좋았다. 그가 안동에서 한정식집을 운영하고 있음은 세월이 많이 지난 뒤에 알았다. 농촌진흥원 내에서 전기와 관련된 일을 빠짐없이 챙겼던 최○○은 도청 에너지정책과에 근무하다 최근 퇴직을 했다. 지금은 에너지 관련 기업에서 간부로 일한다. 다시금 그때를 추억해 보니 꿈만 같은 세월이었음을 고백하지 않을 수 없다.

농업기술원 직원과 함께

도청에 들어가 처음 근무하는 기관이어서 그랬는지 나는 농촌진흥원에 많은 애착을 가졌다. 진흥원에 관한 일들은 빠짐없이 챙겨보는 경우가 많았다. 총무과 직원 인사는 물론이고, 연구직·지도직 인사까지 꼼꼼히 들여다보는 습관이 있었다. 당시 과장, 계장쯤 되는 직원들은 이제 모두 퇴직을 했고, 그때는 경력이 몇 년 되지 않았던 연구관이나 연구사가 농촌진흥원의 원장, 국장을 맡고 있다. 모두가 변하고 있음을 보여주는 사실이다.

언젠가 공무원교육원 가는 길에 농촌진흥원 앞을 지나다가 깜짝 놀랐다. 옛 시험장 주변은 아파트며 빌딩이 숲을 이루었고, 경북대학교병원이 들어선 주변 일대는 예전과 크게 다른 모습으로 변해 있었다. 또, 바로 옆으로 대구 도시철도 3호선이 지나고 있었다. 그곳이 3호선 종착역이라고 했다. 가까운 거리에 종합건설사업소는 옛 모습을 간직한 채 그 자리에 있었지만, 칠곡 읍내를 지나 대구 시내로

경상북도 농업기술원 (2020년)

향하는 주변은 낯선 건물들이 즐비해서 예전의 분위기를 느끼지 못할 지경이었다. 도청 첫 근무지였던 농촌진흥원은 지금도 아련한 추억으로 남아 있다.

본청 양정과 시절

농촌진흥원에서 1년 6개월이 지난 시점에 본청으로 발령이 났다. 4급을류 발령일부터 11년 6개월이 지나고 있었다. 그 정도 기간이라면 대다수의 경우 5급을류부터 시작해도 그 정도 직급에 오를 수 있을 정도였다. 양정과 발령 당시 주위 직원들 말에 의하면, 그 정도의 경력을 쌓았으니 아마도 승진을 하면서 본청에 전입이 가능할 것이라고 했다. 내심 승진을 기대했다.

그런데 그렇지 않았다. 도청 내부 규정에 의하면 "시군 전입자는 승진하려면 만 3년이 지나야 한다."고 했다. 그 사실을 늦게사 알았다. '그런 허무맹랑한 규정이란 게 또 있구나'라고 생각했지만, 비록 승진이 안 되어도 괜찮았다. 어차피 늦었는데 순리에 따라가는 것이 맞겠다 싶었다. 그 자체가 무엇을 포기한다는 그런 의미는 아니었고, 지난 10년을 군청에서 그저 그렇게 보냈는데 이제 와서 원칙을 따져 본들 도움 될 게 없을 것이란 생각이었다.

발령 공문을 받고, 도 본청 양정과에 도착하였다. 근무 부서는 양곡관리계였다. 정부양곡 보관창고 관리, 양곡 사고, 양곡 수매 등을 담당했다. 예전 농촌진흥원과는 업무 성격이 완전히 달랐다. 하급직원이긴 해도 내가 직접 책임질 일들이 많았다. 그만큼 권한도 많았다. 정신을 똑바로 차리고 일 처리를 분명하게 해야 한다는 다짐을 이때 많이 했던 것 같다. 양곡 사고가 가끔 있었고, 정부 수매물량을 더 달라는 부탁들이 많았다. 정부양곡 도정공장과 양곡 보관창고를 소유한 사람들은 지역에서 돈 많고 영향력을 행사하는 토착 부호인 듯했다. 훗날 도의원을 거쳐 고령군수를 지낸 이○○ 님, 역시 도의원과 달성군수를 역임한 박○○ 님은 정부 양곡 업무를 담당했던 시절 자주 접촉했던 사람들이다. 이 시기에는 영덕 영해 도정공장 양곡 도난, 청도 도정공장 화재, 안동 풍천 구담리 보관창고 수몰 등 많은 사건, 사고들이 있었다. 그 때문에 더욱 엄정한 일 처리가 필요하다는 생각을 했던 것 같다.

정부양곡 도정공장은 정부가 지정한 도정공장이다. 경상북도의 양곡을 다른 지역으로 수송할 때 지정받은 곳에서 도정을 한 후 운반토록 했다. 정부양곡 보관창고는 정부 소유의 벼를 보관시키고 매월 보관비를 주면서 관리를 위탁하는 시설이다. 창고는 보관업자가 소유 또는 임차 등으로 관리하였다.

그때 많은 직원이 함께 일했다. 그중에는 후에 여성복지국장을 역임하신 분도 있었고, 또 타 부서에서 유명을 달리 한 직원도 있었다. 너무나 생생하게 기억되는 양정과 시절은 도 본청 근무 환경을 처음 경험하는 시기여서인지 오래 기억된다.

양곡관리계 직원과 함께(도 청 세심원)

양정과에서 1년 6개월을 보낸 시점에 정기인사가 예정되어 있었다. 도청 전입이 3년째 되는 시기인 데다 7급 13년째 되는 시점이니 부끄러워 누구한테 말하기도 어려웠다. 그러나 이번엔 꼭 승진을 해야겠다는 생각을 했다. 양정과장님(이재민 님) 자리에 찾아가 애로사항이라고 하면서 말씀을 드렸다. 그랬더니 고맙게도 그렇게나 오래되었느냐며 왜 진즉 말을 하지 않았느냐고 하셨다. 눈물이 날 지경이었다. 이번에는 승진할 수 있겠다는 생각을 했다. 그런데 인사계 차석(6급)이 나를 찾았다. 그리고 하는 말이, 이번에 승진을 시켜줄 테니 경주에 있는 임업시험장(현, 산림환경연구원)으로 가겠느냐고 했다. 나는 그렇게는 못 하겠다고 했다. 7급으로 13년을 보냈는데 이제 6급 승진을 하면서 사업소 발령을 받는다는 것은 사리에 맞지 않는 것 같다고 했다. 사업소에 갈 형편이라면 다음에 승진하더라도 좋으니 그렇게 안 하겠다고 했다. 그리고 사무실로 돌아왔다. 가슴이 미어질 것만 같았다. 내가 고향이 전라도인 데다 본청 근무 연한도 짧고, 더구나 누구 하나 내 편에 서 있는 사람이 없으니 하찮은 직원으로 보인 것만 같았다. 너무 속이 상했다. 그렇지만 내 힘으로 어떻게 할 수가 없었다.

그리고 며칠이 지났다. 인사발령 조서가 떴다. 그런데 이게 웬일인가? 승진자 명단에 내 이름이 있고, 발령지는 공무원교육원이 아닌가. 놀라는 나의 모습과는 상관없이 직원들은 나의 6급 승진을 축하해 주었다.

지방공무원교육원 시절

1990년 4월, 6급(지방행정주사) 승진과 함께 지방공무원교육원 발령을 받았다. 6급은 예전의 4급갑류에 해당하는 직급이다. 이 무렵 공무원 직급 체계 변동으로 5급을류는 9급으로, 4급갑류는 6급으로 변경되었다. 7급과 비교하여 크게 달라진 것은 없었다. 하지만 공직 특유의 계급 문화로 인해 사무관이 되려면 6급을 반드시 거쳐야 함을 생각하면 6급 승진은 기쁜 일이고 축하받을 일이었다.

공무원교육원에서는 운영계에서 교육 운영과 교육시간표 작성, 강사 초빙 등을 담당했다. 1주 과정부터 6주까지 다양한 교육과정이 있었다. 각 과정에 적합한 교과목을 선정하고 이에 맞는 강사를 초빙하는 일은 적성에도 잘 맞는 일이었다. 그때 자주 초빙했던 교수님 중 계명대 최봉기 교수님, 박세정 교수님을 최근 학술대회에서 뵙고

경상북도 공무원교육원(2019년)

반가웠다. 영남대, 대구대 교수님도 자주 모셨던 기억이 새롭다. 나는 강의시간표 작성, 교육 운영 외에도 기본 강의를 맡았다. 내가 맡은 과목은 '법제 실무'였다. 법대를 나온 나에게 잘 맞을 거라 생각했는데 그건 아니었다. 조례, 규칙을 어떻게 만들고 그들의 효력은 어떻고 이런 식이었다. 하지만 교육받는 것을 좋아하는 나에게 교육원 근무는 의미 있는 시간이었다.

상정과에서의 시련

공무원교육원 근무 후에는 상정과로 발령이 났다. 상정과 상정계였다. 참으로 오랜만에 본청에서 일다운 일을 할 수 있겠구나 생각했다. 그리고 남다른 각오를 다졌다. 그동안 지나온 공직생활을 되돌아

볼 때 내가 조직에서 인정받을 수 있는 것이란 오직 남보다 더 열심히 일하고, 일을 잘해 내는 것임을 마음속 깊이 새겼다.

그런데 상정과에서 1년쯤 지날 무렵 업무적으로 큰 시련이 닥쳤다. 과장님 눈 밖에 난 것이다. 거의 매일 과장님의 꾸중을 듣고 하루를 시작하였다. 문제는 매일 퇴근 후 맥주잔을 기울이는 과장님을 제대로 모시지 못한 것이었다. 가족력이었던지 우리 집안은 주량이 거의 제로였다. 나도 술을 거의 마시지 못한 터라 술을 좋아하는 과장님을 잘 모실 수가 없었다. 처음 얼마간은 그런대로 술자리를 자주 했지만 더 이상은 어려웠다. 일이 더 중요하지 일과시간 지나서 상사를 모시는 데 시간을 보내는 것은 맞지 않다고 생각했다.

그런 생각이 들자, 퇴근 후 과장을 따라나서지 않고 업무를 핑계로 사무실에 남아있는 날이 많아졌다. 시간이 좀 지난 어느 날, 상정과 야유회 겸 회식이 있었다. 성주군 가야산 자락의 식당에서였다. 고기에 막걸리를 곁들여 술잔이 돌고 있었다. 과장은 직원들을 향해 주문했다. 지금 이 자리는 업무를 떠나 자유스러운 분위기니까 제안이나 기타 할 이야기가 있는 직원은 거리낌 없이 의견을 말하라는 것이었다. 잠시 침묵이 흐른 후, 내가 먼저 이야기를 꺼냈다. 분위기도 돋우고 그동안 서운했던 것들을 말할 생각이었다. 내 말의 요지는 '업무적으로 부족한 점이 있을 때 전 직원이 일하고 있는 사무실에서 야단을 하시는 것은 좀 그렇다' '배려를 부탁 드린다' 이런 내용이었던 것 같다.

그런데 말이 끝나기도 무섭게 과장은 "뭐, 어이해."라고 고함을 질렀다. 깜짝 놀랐다. 그 말은 나를 향한 것이었다. 순간 모두는 어색한 분위기에 휩싸였고, 나는 선 채로 잠시 머뭇거리다 자리를 피해 밖으로 나왔다. 일부 계장들이 따라 나왔다. "나 차관이 참았어야 했는데 어떻게 해야 하나?"라고 걱정을 했다. 나는 곁에 있던 계장과 직원들에게 양해를 구한다고 말하고, 시외버스를 타고 혼자 대구로 돌아왔다. 속이 상하기도 했지만 앞으로가 더 걱정이었다. 1991~1992년 사이 상정과에서 있었던 사건(?)이었다.

하루하루 힘든 시간이 흘러갔다. 매일이 지옥 같았다. 업무가 손에 잡히지 않았음은 물론이고, 뭐 하나 당당하게 나서서 챙길 의욕이 나지를 않았다. 상정계는 주무계여서 차석이 관여해야 할 일들이 꽤 많았지만 그렇게 하기가 쉽지 않았다. 그러던 중 정기인사 시즌이 돌아왔다. 나는 용기를 내어 총무과 인사계를 찾았다. 인사계 차석에게 말하기를 "청 내에서 일이 많아 근무를 꺼리는 부서가 있으면 어디라도 좋으니 나를 좀 보내 달라."고 했다. 인사계 차석은 무슨 이유라도 있느냐고 물었다. 특별한 이유라기보다는 한번 자리를 옮겨보고 싶고 일을 좀 더 배우고 싶다고 에둘러 말했다.

도정의 핵심부서, 기획관리실에서

그 후 정기인사에서 타 부서로 발령이 났다. 기획관리실 기획담당관실이었다. 기획담당관실이야말로 도청 핵심부서임을 알고 있는 터라 내심 기분이 좋았다. 일이 많은 것은 능히 견뎌낼 수 있다는 확신이 있었기에 기대감이 컸다. 초기에는 기획담당관실 의회계에서 도의회 및 시군의회 업무를 담당했다. 의회계 근무 중에 '내무부 지방행정연수원 중견간부 양성과정'(6급, 6개월 합숙과정) 교육을 다녀왔다. 그리고 의회계를 거쳐 기획계로 옮기게 되었다. 이후 사무관 승진 때까지 줄곧 기획계를 떠나지 않았다.

기획계는 도정 중장기 발전계획을 수립함은 물론이고 당면 현안을 처리하면서도 도지사의 손발이 되는 중요한 부서 중 하나였다. 매일 밤 11시~12시가 되어서야 퇴근을 했다. 토, 일요일도 출근하는 날이 많았다. 가을, 겨울로 접어들면서는 사무실에서 밤을 지새운 적도 많았다. 그런 날이면 주로 당일 지사님이 참석하시는 행사가 있었다. 말씀자료 등 준비한 자료를 들고 지사님 공관(*당시 황금동 신천지하이츠)을 찾아 공관 비서에게 전달하고, 집에 들러 아침을 먹고 한숨 잠을 청하고, 오후 1시경 사무실에 출근하는 일이 여러 번 있었다. 비단 나 혼자만 그런 것은 아니었다. 아무리 열심히 일해도 끝이 나는 법이 없을 정도로 할 일이 많았던 것 같다. 당시 기획계 직원이 총 12명이었는데, 누구 하나 일이 많아 못 하겠느니 하는 직원은 없었다.

당시 기획계장은 후일 경제부지사를 역임했던 정○○ 부지사였다. 그는 아무리 힘들어도 직원들을 나무라거나 닦달하는 법이 없었다. 그런 인품은 타고 나는 것 같았다. 직원들 모두가 계장님을 존경하면서 열심히 일하는 것으로 힘든 날들을 함께 견디었던 것 같다.

지사님에 대한 기억도 생생하다. 어느 날 밤, 그날도 밤늦게 일을 하고 있었는데 지사님께서 사무실에 오시더니 금일봉을 주시면서 격려를 해 주셨다. 그런데 지사님은 안타깝게도 2009년 세상을 떠나셨다. 좀 더 사셔서 국가와 지역사회의 멘토 역할을 해 주셔도 좋았을 텐데 하는 아쉬운 마음을 지울 수 없다.

수년 전 봄 즈음인가 청도에 갔다 오는 길에 지사님 산소에 들러 절을 올렸다. 그런데 지사님께서 이렇게 말씀하시는 것 같았다.

"그래, 그때 기획담당관실에서 야근하면서 나와 만났지? 열심히 업무에 몰두하더니 부시장까지 했구나~~ 참 수고 많았다."라고. 기획담당관실 근무 기간 내내 산적한 일들 때문에 하루하루가 힘겨웠지만, 상사로부터 인정받는 것만으로도 즐겁고 행복한 날들이었다.

사무관 승진의 기쁨

기획담당관실에서 시간 가는 줄 모르도록 업무에만 몰두하던 중 비교적 일찍 사무관 승진을 하게 되었다. 1996년 2월 사무관 보직을 먼저 받았고, 6주 교육을 마치고 난 후 정식발령을 받았다. 6급 승진 후 5년 8개월 만이다. 그 무렵 사무관 승진 기간이 통상 7~8년인 점과 비교하면 남보다 빠른 것이다. 기획관실에서 열심히 일한 점이 크게 작용했을 뿐 아니라, 의회계 근무 중에 다녀왔던 '내무부 지방행정연수원 중견간부양성과정' 연수 덕분에 평정 가산점 1.5점이 보태져 승진이 빨라졌다고 생각한다. 사무관 승진 후보자반 교육에서 전국 530명 중 2등으로 수료한 것은 큰 보람이었다. 수많은 직원이 연수나 교육을 피하려는 속성이 있는 듯도 하지만, 이를 잘 활용하면 스스로가 더 큰 성장을 할 수 있다고 생각한다.

도청에서의 사무관은 주요 시책을 입안하고 보고서를 직접 작성하는 실무직원이다. 그럼에도 사무관 승진은 상위 직급으로 가기 위해 거치는 단계로 매우 의미 있는 일이다. 나는 7급에서 6급 승진 기간이 13년으로 대단히 긴 시간이었음에도, 도청 전입으로 그나마 40대 중반의 나이에 사무관에 오를 수 있었다. 그것은 내 인생에 큰 전환점이 되기에 충분했다.

사무관 교육을 마치고 1996년 9월경, 중소기업지원과로 복귀하였다. 중소기업지원과는 당시 신설부서였다. 거기서 나는 기술지원계장으로서 직원 세 명과 함께 경상북도 내 중소기업에 대한 다양한 지원사업을 추진하였다. 정부와 도, 기업체, 대학이 함께하는 '산학연 공동 기술개발 컨소시엄사업', '경상북도 세계 일류 중소기업 발굴육성사업' 등은 보람 있는 일들이었다. 이듬해 국무총리실 파견 발령이 있기까지 1년여를 보낸 중소기업지원과는 기업과 경제를 익히는 계기가 되었다.

국무총리실 파견근무를 자청하다

1997년 2월, 국무총리실 파견근무를 가게 되었다. 청내에서 파견

대상자를 찾고 있는데 희망자가 없다는 소식을 듣고 내가 가겠다고 했다. 아내는 걱정이 많았고, 대체로 부정적인 의견이었다. 하지만 경상북도보다는 서울에서 파견근무를 하고 이후 정부 부처에서 일할 수 있다면 앞날이 훨씬 좋을 것이라고 설득했다. 결국 아내도 반대하지 않았다. 아내는 초등학교 3학년 큰딸과 어린이집 다니는 둘째 딸을 데리고 서울까지 가서 온전한 생활이 될까 걱정이 많았을 것이다.

1997년 2월부터 1998년 2월까지 만 1년간 파견근무 발령을 받고 서울로 향했다. 부서 명칭은 '국무총리 수질개선 기획단'(이하 '수개단')이었다. 그 무렵 낙동강 수계 구미공단에서 페놀 오염사고가 발생하여 식수원 오염 등 수질 문제가 국가적 이슈였고, 이를 개선하기 위한 노력이 범정부 차원에서 시작되었다. 낙동강 오염사고가 전국

정부 서울 청사

4대강으로 영향을 미치자 4대강 수계별로 대책 마련이 시작되었다. 우선 낙동강 수계 인접 시·도에서 사무관 각 1명이 차출되는 경우였다.

서울 상계동에 전셋집을 마련하였다. 상계동에 거처를 정한 데는 당시 내무부에 근무하는 친구 김○○의 도움이 컸다. 그 친구와는 1979년 영일군청 재직 시 수년간 함께 자취를 한 인연이 있다. 상계동 전셋집은 복도식 서민 아파트로 같은 층 사람들과 아주 가깝게 지냈다. 휴일이면 어김없이 산을 찾았고, 어느 여름날은 경기도 가평의 깊은 산 계곡을 찾아 즐거운 시간을 함께하기도 했다. 함께 산행을 즐겼던 멤버 중 구○○은 서울대공원에 근무하고 있었고, 또 다른 분은 서울우편집중국에 다녔는데, 우편집중국 직원 고향이 경북 예천군 지보면이었다. 그것도 반가운 일이었다. 도청에 복귀하고 시간이 제법 지난 어느 날 부친상을 당했다는 연락을 받고 밤중에 문상을 가서 당시 이웃들과 반가운 만남을 가졌다.

서울살이 1년 동안 많은 추억을 간직하였고, 어려움도 많이 겪었다. 간과할 수 없는 것은 업무 면에서 많은 것을 얻고 왔다는 자부심이다. 하루는 수개단 평가국장이 불러서 갔더니 문서 한 부를 건네면서 잘 보관하라고 하였다. 자세히 읽어보니 '4대강수질감시단 구성운영계획' 문건이었다. 국장이 직접 작성한 것으로 보이는 이 문건은 수개단의 단장인 국무총리 행정조정실장 결재를 득한 서류였다. 총 8쪽으로 기억되는 계획서는 군더더기 하나 없이 꼭 필요한 단어로만 이루어져 있었다. 이처럼 정교한 보고문건은 처음 보았다. 공직에 있

는 동안 그와 같이 훌륭한 보고서, 계획서를 만들어야겠다는 각오를
했다. 그리고 그런 분위기에서 1년을 보내고 도청에 복귀하면서
좋은 보고서, 품위 있는 문서를 만드는 일을 게을리하지 않았다.
서울에서의 생활은 비록 짧은 기간이지만 나를 성장시키는 계기가
되었다.

총리실 수개단 사무실은 국세청과 주한 미국대사관이 지근거리에
있는 이마빌딩이었다. 수개단의 조직은 총괄지원국, 사업국, 평가국
으로 편제되었고, 나는 평가국에 배치되었다. 나의 주요 업무는
폐광산 폐출수 정화대책이었다.

수개단은 주간 단위로 회의가 열렸다. 회의 참석자는 수개단의
평가국장·팀장, 국토부 수자원정책심의관, 환경부 수질보전국장·
담당과장, 광해사업단 임원과 수개단 내 간부 등이었다. 관계부처 간
수차례에 걸친 회의와 토론을 거쳐 정부의 "맑은물관리종합대책"을
마련하였다. 내가 이 일에 참여했다는 사실이 자긍심과 함께 진한
감동으로 다가온다. 그 기간 나는 폐광산에 대한 출장이 많았다.
강원도 태백이 제일 자주 가는 곳이었고 정선과 삼척, 경북 문경·봉
화·영주 등도 출장지였다. 당시 함께 출장을 다녔던 김ㅇㅇ 님, 안ㅇㅇ
님은 든든한 동반자였다.

내가 수개단에 근무하던 1997년 당시 전국의 폐광산에서 흘러
오는 철과 망간 성분의 오염수가 적화와 백화의 색조를 띤 채 계곡을
따라 시가지 하천으로 흐르고 있었다. 강원도 태백, 정선, 삼척이 주

로 그런 곳이었다. 폐광산 폐출수 정화대책은 그러한 오염수를 정화시키기 위해 폐광산 낮은 곳에 침전조를 설치함으로써 환경기준치에 적합한 물이 흐르도록 하는 것이었다. 수년 전 강원도 태백을 다녀오는 길에 시가지를 가로질러 흐르는 하천물이 맑게 흐르고 있음을 보고 그때 그 시절이 생각났다. 다만, 일부 지역에서 아직도 폐광지역 폐수 정화 문제로 국회 국정감사에서조차 논쟁거리가 되고 있다는 사실을 접하면서 안타까운 마음이 들었다.

노원구 상계동에서의 단상들

서울에서의 보금자리 상계동 전세 아파트는 서울 종로 등 중심지에서 대단히 먼 거리에 있었다. 출퇴근 시간이 길어짐은 당연하였다. 중앙부처 공무원이 많이 살고 있는 아파트여서 광화문 청사로 가는 통근버스가 있었지만, 지하철을 이용하는 경우가 많았다. 간혹 통근버스를 이용하는 날에는 아침 6시 전후 버스를 타야 했다. 가을, 겨울로 접어들면서는 캄캄한 시간대여서 가방을 들고 집을 나서는 발걸음이 무거웠다. 보통은 출퇴근 때 지하철을 이용했다. 집 앞 마들역에서 7호선을 타고 출발하여 노원역에서 4호선으로, 동대문운동장역에서 5호선으로 환승하고 광화문역에서 내려 10여 분을 걷는 코스였다. 사무실 도착은 보통 오전 8시 내외였다. 퇴근은 저녁 9시경이 보통이었고, 회식이 있는 날이면 밤 12시 전후였다. 출장 가는 날을 제외하면 매일 이런 형태의 생활이 반복되었다. 그나마 다행스러운 것은 토, 일요일 출근이 거의 없었다는 것이다. 부서별로 차이가 많긴 하지만 예전 도청 업무 패턴과는 사뭇 다른 점이었다.

서울에서 우리 가족은 나들이를 즐겼다. 지하철을 이용한 나들이는 가볼 곳 많은 서울의 구석구석을 찾아다니기에 불편함이 없었다. 경복궁은 물론, 중앙박물관, 전쟁기념관, 롯데월드, 암사동 선사시대 유적지 등을 찾아다녔다. 큰딸과 작은딸의 호기심을 자극하는 데 도움을 주고 싶었다. 그런 의미에서 서울에서의 나들이는 뜻깊은 시간이었다. 다만 물가도 비싼 데다 낯선 서울살이에 고생이 많았을 아내에게 미안한 마음을 지울 수 없다. 나와 아내의 생각, 고생 끝에 낙이 온다는 믿음이 있어 가능한 일이었다.

경복궁

자치행정과 행정계장

총리실 파견기간 만료로 도청에 복귀하였다. 중앙부처에 근무할 수 있으면 좋겠다는 생각으로 다각도로 노력했으나, 뜻대로 되지 않았다. 도청 복귀 후 수질보전과, 법무담당관실, 농정과 등에서 일했다.

2005년 10월, 뜻밖에도 농정과 농정계장에서 자치행정과 행정계장으로 자리를 옮겼다. 전임 행정계장이 '동일 부서 4년 연속근무 제한'에 따라 타 부서로 가야 할 시점에 나와 자리를 바꾼 인사발령이었다. 어디라도 국 주무계장 하고 자리를 바꾸고 싶다는 것이었다. 그러고 보니 나 역시도 농정과 연속근무 4년을 몇 개월 남기고 있는 시점임을 감안하면 잘된 일이라는 생각을 했다. 당시 인사계장이던 친구가 나에게 제안을 했을 때 바로 그렇게 하겠다고 했다. 실국별 위상으로 보나 업무 성격 면에서 행정계장만 한 보직이 없기 때문임을 알고 있었다. 가고 싶다고 해서 갈 수 있는 곳이 아니었다. 세상일은 내가 힘들이지 않고도 우연한 기회에 좋은 일이 생길 수도 있구나 싶었다. 친구의 제안이 없었더라면 행정계장 근무가 쉽지 않았을 것이란 생각을 하니 다시금 그 친구에 대한 고마운 마음을 지울 수 없다.

행정계장이란 자리는 출·퇴근 시간을 모르고 일할 정도로 대단히 바쁘고 또한 중요한 일을 담당하고 있었다. 시·군 행정에 관한 한 다양한 형태로 관여하였다. 부시장과 부군수 및 사무관 인사 이동시 당해 지역 시·군과 협의하는 일도 그중 하나였다. 시·군의 여론과 동향을 수집·정리하여 상사에게 보고하는 일 또한 행정계장 소관이었다. 내가 행정계장을 맡기 전 어느 시점엔 여론계가 있어 여론·동향 업무를 전담했지만, 그때는 여론계가 없어지고 행정계에서 담당하고 있었다.

여론·동향 업무는 6급 한 명을 포함해서 직원 세 명이 전담하였다. 그만큼 중요하게 취급되었다. 매일 밤 12시를 전후하여 당일 업무를 마감·정리한 후 퇴근을 했다. 20여 쪽 분량의 여론·동향 보고서를 일일보고 형태로 매일 보고하는 일이 반복되었다. 그 보고서를 자치행정과장은 도지사께, 행정계장은 행정부지사와 정무부지사께 보고하는 것으로 하루를 시작하였다. 궁금한 사항을 미리 알아내지 못하거나 시사성 있는 내용을 빠뜨리는 실수를 할 때도 있었다. 그런 날이면 야단을 맞곤 했다. 그럴 때면 내 능력이 여기까지인가 싶은 반성과 자책으로 마음이 무거웠다. 여론·동향 업무를 담당하면서도 경찰청 정보과 외근계, 정보2계 직원들과 정보에 대한 상호교류에 집중하였다. 상호 협력이 반드시 요구되는 업무였다. 그들과 수시로 만나 인간관계를 돈독히 하는 데 소홀하지 않았다.

또 다른 업무는 행정부지사가 중앙부처 회의에 참석하는데 수행하는 일이었다. 행정자치부에서는 매월 시·도 부시장, 부지사 회의가 있었다. 여타 업무로 부지사가 출장이라도 가는 날이면 수행하는 일이 나의 몫이었다. 출장을 다녀오는 날이면 다음날 어김없이 후속 회의를 가졌다. 주로 시·군 부시장, 부군수 회의가 많았다. 회의서류를 만들고 회의 준비를 하는 일은 이미 익숙해 있는데도 할 때마다 새로웠다. 한 치의 오차나 착오를 허용하지 않는 일이기 때문이다.

업무 중 또 다른 하나는 도와 시·군 간 인사교류 문제였다. 이 문제는 당시만 해도 도와 시·군 간 엄청난 반목과 갈등을 수반하는 일이었다. 도청과 시·군이 노동조합을 통해 인사에 관해 서로 양보를 하지 않음으로써 최종 결론에 이르기까지 늘 긴장해야 했다. 불협화음이 지속되어 인사가 늦어지는 일이라도 있게 되면 도청 전체 인사가 차질을 빚기 때문이다. 몇몇 시·군 노조는 강성인 민주노총에 가입하여 민주노총에 의해 노사협상이 진행되고, 그래서 무산되는 경우가 많았다. 도청에서 사무관 승진을 하면 시·군 과장으로 발령을 내는 것은 당시로서 관행이었다. 그리고 예전에 발령받은 과장은 도청으로 들어오는 식이어서 이런 도와 시·군의 인사교류는 도의 입장에서 도를 위한 인사이기에 그만 중단하라는 요구였다.

일면 일리가 없는 것은 아니지만 당시로서는 어쩔 수 없는 일이었다. 밤낮을 모르도록 업무에 매달리는 일이 매일 반복되었고, 주말에도 쉬는 법이 없었다. 가정을 모르고 살았던 시기 중에 이 기간을 빼놓을 수 없다. 일찍 출근하고 밤늦게 퇴근하니 아이들을 볼 수도 없었다. 아내도 힘들었을 것이다. 하지만 이런 나의 근무 행태에 불평하는 일이 없었다. 고비를 잘 넘기면 더 좋은 일들이 있을 것이란 기대를 했던 것 같다. 나 스스로는 몸도 마음도 쉬고 싶을 때가 많았다.

행정계장을 맡고 많은 시간이 지났다. 이제 나도 승진을 해야 하는

데 이번 근무성적을 잘 받는다면 가능하리라는 분위기였다. 그런데 2005년 12월 근무평정에서 좋은 점수를 받지 못했다. 행정지원국 새마을과 새마을계장이 1번으로 평정을 받고 행정계장은 그다음이었다. 그러다 보니 도청 전체 사무관 서열에서 뒤로 밀릴 수밖에 없었다. 속이 무척 상했다. 이전 행정계장은 모두 행정국에서 1번을 받아 왔는데 내가 그걸 지키지 못한다고 생각하니 참을 수 없었다. 행정지원국장한테 이의를 제기하였지만, 국장은 어쩔 수 없는 상황이었다며 이해하라는 말만 되풀이하였다.

며칠이 지난 어느 날, 용기를 내어 도지사님 집무실을 찾았다. 그리고 지사님께 말씀드리기를 "밤낮으로 일밖에 몰랐는데 이번 평정에서 그런 사항들이 반영되지 않은 듯하다. 지사님께서도 그런 내용을 알고 계시는지 그 여부를 알고 싶다."고 했다. 그랬더니 지사님께서 하시는 말씀이 "도지사는 일 열심히 하면서도 평정을 제대로 받지 못하는, 소외된 직원들을 챙기고 있다. 행정계장은 당연히 평정을 잘 받는 줄 알고 있다."고 하시는 게 아닌가? 그러면서 "내가 한 번 더 챙겨 보겠다."고 하셨다. 나는 "잘 알겠습니다."라고 인사를 드리고 집무실을 나왔다. 섭섭함이야 이루 다 말로 표현할 수가 없었다. 그렇지만 누구한테 도움을 청한다거나 할 수 있는 사람 자체도 내 주위에는 없었다.

그리고 다시 반년이 흘렀다. 6월 말 평정 때는 드디어 수 1번 평가를 받았다. 그나마 다행스러웠다. 평가를 잘 받고 그해 첫해 4년 임기가 시작된 신임 도지사의 첫 승진인사에서 영광스럽게도 서기관(4급)에 오를 수 있었다. 2006년 9월의 일이다.

인재양성과장 시절

1년간 고급간부과정 연수를 마치고 돌아왔다. 보통 연수를 마치고 나면 다음 정기인사 때 보직 발령을 생각하기 마련이고, 그 점에서는 나도 마찬가지였다. 그해 12월 말경 연수 수료 인사차 행정지원국장한테 들렀는데, 곁에 있던 한 간부가 이번 인사에서 신설되는 인재양성팀이 나과장한테 잘 맞겠다고 거든다. 나는 그런 자리가 생긴다면 나를 보내 달라고 의견을 말했다. 그리고 각 과정별 연수생을 대상으로 일주일간 도내·외 주요국책사업 현장을 둘러보는 행사를 끝으로 그렇게 한해가 지났다.

2008년 새해가 시작되었다. 정기인사는 예정되어 있는 듯했지만 돌아가는 분위기는 알 수 없었다. 2월 초가 되어 정기 인사발령이 났다. 신설되는 인재양성팀장 발령이었다. 당시 팀장이 서기관이었고, 팀에는 사무관 2명, 직원 5명 등 총 8명이 있었다. 비교적 규모가 작은 조직이었지만 직원 근무평정 업무가 있어 청 내에서는 힘을 좀 쓰는 부서처럼 인식되었다. 그러다 보니 평정 업무에 대한 부담도 있었고, 잡음 없는 일 처리도 중요했다. 직원들이 이해하고 인정하는 수준의 평정 업무가 최대 과제였다.

하반기로 접어들면서 독도 관련 부서가 신설되었다. 과 단위 부서로 '독도수호대책단'이었다. 그런데 당시 행정부지사실에서 나를 찾았다. 부지사실에 들어서니 기획담당관이 부지사와 함께 있었다. 부지사는 나에게 단도직입적으로 독도 업무를 맡으라고 했다. "제가 지금 하는 업무는 어떻게 합니까?"라고 물으니, "겸직을 하란 말이야!"라고 했다. 나는 망설임 없이 "네. 그렇게 하겠습니다."라고 대답했다. 당시는 일본 시마네현에서 조례를 만들어 독도가 자기네 땅이라는 주장을 강하게 펴면서 독도의 날 등을 만들 때였다. 정부는 독도 문제에 관해 다소 미온적이었지만 이때만큼은 달랐다. 국무총리가 독도를 방문한다는 소식이 전해졌다. 업무보고서와 건의 안건 등을 마련했고, 울릉도와 독도를 사전 답사하는 등 바쁜 시간을 보냈다. 그리고 연말이 되면서 독도대책과장 겸직을 면하게 되었다.

그 사이 인재양성팀은 과 단위로 확대 개편되었고 직원도 25명으로 대폭 늘어났다. 나는 공직자 채용에서 재직자 훈련, 평가까지를 담당하는 부서의 장이 되었다. 공무원 근무평정 등 중요한 업무들이 많았지만, 나는 공무원 교육 훈련에 더 많은 관심을 가졌다. 도청이 일하는 조직으로 거듭나려면 직원의 능력 계발과 발전이 전제되어야 함을 마음속 깊이 새기며 사무관, 담당자와 머리를 맞대고 논의를 거듭하였다. 그리고 우선 교육 훈련의 방향부터 바꾸기로 했다. 실내 강의식 교육을 지양하고, 전국의 국책사업 현장을 방문하는 체험교육과 전국 단위 전문 교육기관 위탁 중심으로 대전환을 시도하였다.

1박 2일에서 2박 3일까지 다양한 과정을 만들었고, 일부 과정은 사무관 간, 6급 간의 연수 프로그램을 운영하였다. 2008~2009년 당시 '서울시의 한강 르네상스 사업', '인천대교 건설', '거가대교 건설', '평창 알펜시아리조트 건설', '새만금 간척사업' 등 수많은 국책사업 현장을 체험하는 식이었다. 사업현장을 직접 보고 그런 실체적 지식을 바탕으로 도정을 기획하고 실행에 옮기는 것이야말로 현장 행정의 요체라는 인식을 가졌다. 급소를 제대로 잡았다는 안도감과 자부심으로 업무는 탄력을 받았다. 그리고 현장교육에 참여했던 많은 직원들이 달라진 교육 환경을 크게 반겨주었다.

인재양성과에서 특별히 기억나는 업무 중 다른 하나는 도민교육 업무의 하나로 추진한 '오피니언리더 포럼'을 꼽을 수 있다. 대구경북연구원과 함께한 이 포럼은 시·군을 순회하면서 당해 지역 리더와 소통하는 맞춤형 프로그램이었다. 시·군 별로 500~600명의 지역 인사들이 참여하여 도지사님의 특강을 들었고, 그 지역에 부합하는 주제를 선정하고 초빙한 명사들로부터 지역의 발전 방향에 대해 들었다. 가는 지역마다 도지사님의 인기는 대단했다. 당시 후반부 특강을 위해 포럼 현장을 찾은 공○○ 박사는 강당 뒤편에 앉아 지사님 강의의 후반부를 들었는데, 지방자치단체장이 이렇게 말씀을 재미있게 잘하는 분은 처음이라고 말했다. 그리고 그날 도지사님의 강의를 들은 소감을 자신의 홈페이지에 칼럼으로 실었다. 특강 강사로는 서울의 저명한 교수나 유명인사를 모셨는데, 생각나는 분으로는 공○○

박사 이외에도 BMW Korea 김ㅇㅇ 대표, 인천공항공사 이ㅇㅇ 사장, 자유기업원 김ㅇㅇ 원장 등이 있었다.

성숙해진 나를 발견하다

내무부 지방행정연수원 중견간부 양성과정

중견간부 양성과정은 전국 시·도 6급 공무원 중 50명을 선발하여 6개월간 내무부 지방행정연수원에서 합숙 교육을 실시하는 프로그램이다. 1994년 3월 기획담당관실 의회계에서 근무할 때였다. 교육 입교 희망자를 모집한다는 소식을 접했다. 교육을 받는 일은 내가 좋아하는 것이어서 그 교육만큼은 한번 가보고 싶었다. 그런데 공무원 연수를 가려면 부서장의 승낙이 있어야 하는데, 어떻게 승낙을 받을 수 있을까를 생각하니 막막했다. 더군다나 부서 내에 또 한 사람이 교육 입교를 희망한다는 소식이 전해지고 있었다. 그렇다고 지레짐작으로 미리 포기하는 것도 바른 생각은 아닌 것 같아 부서 내 또 다른 희망자와 함께 부서장인 기획담당관을 찾아가 면담을 하기로 했다. 우선 구두 승낙이라도 받아야 후속 절차를 진행할 수 있기 때문이었다.

기획담당관은 처음에는 대뜸 반대했다. 너희 둘 다 교육을 가버리면 사무실의 산적한 일을 어떻게 하라는 말이냐며 안 된다고 했다. 우리는 입교를 하려면 선발시험을 치러야 하는데 그 시험만이라도 응시할 수 있도록 양해해 달라고 간곡히 요청했다. 그래서 결국 승낙을 받았고, 우리는 그 시험에서 둘 다 합격을 했다. 교육 입교를 앞두고 당시 부서보다는 업무량이 비교적 적은 전산통계담당관실로 전보 발령을 받았다. 그렇게 되니 조금은 마음 편히 입교할 수 있었다.

1994년 5월부터 11월까지 6개월간 내무반 합숙교육이 이어졌다. 연수원 교육은 군대식과 같이 매우 엄격한 규율이 있어 적응하는 데 어려움이 있었지만 교육을 받는다는 것은 즐거운 일이었다. 매일 아침 일찍 정해진 시간에 기상하여 점호를 하고 구보 등 아침 운동으로 하루를 시작하였다. 오전 아홉 시부터 오후 다섯 시까지 민법총칙, 행정법, 헌법, 행정학 등 5급 승진시험 과목 위주의 공부를 했다. 이 과목들은 대학에서 대강 익힌 것들이어서 어려움이 없었다. 이 기간 동안에 목포에서 온 박○○ 친구를 만났다. 지금도 교분을 이어가고 있는 그는 목포시청 기획국장을 끝으로 공직을 마치고 목포상공회의소 사무국장으로 일한 바 있다. 자랑스런 친구이다.

나이아가라 폭포 앞에서

교육을 받는 동안 국내 및 해외 연수의 기회도 있었다. 해외는 서유럽 팀과 미주 팀이 있었는데 나는 절친 박○○과 미주 팀을 택하였다. 미국과 캐나다를 2주간 다녀오는 코스였다. 캐나다에서 나이아가라 폭포를 견학하고, 미국의 라스베이거스, 그랜드 캐니언, 로스앤젤레스를 거쳐 하와이를 둘러보았다. 그 당시 교육생 50명이 지금도 정기 모임을 통해 우정을 나누고 있다. 이름하여 '제30기 연우회'이다. 지금은 다들 현직에서 은퇴했지만, 매년 시·도를 돌아가면서 동기 모임을 하고 있다. 2012년 봄으로 기억되는 어느 날은 경북 상주시에서 모임을 가졌다. 장소는 상주시 은척면 성주봉 휴양림으로, 관리동 2동을 예약하여 1박을 했다. 그리고 이튿날 상주 시내를 둘러보았다. 내가 부시장으로 재직했던 인연으로 그곳을 택했다.

중견간부양성 교육은 사무관 승진을 앞당기는 결정적 역할을 했다. 지금도 생각하면 공직생활 중에 교육을 받은 것이 가장 기분 좋은 일이었고, 뜻깊은 일이었다. 배운다는 것은 아름다운 것이고 항상 가능성의 문이 열려 있다는 말이다. "뜻이 있는 곳에 길이 있다"는 신념은 지금도 변함없이 나의 마음속 깊은 곳에 있다.

제주도 현장학습

지방혁신인력개발원 고급리더과정

제27기 고급리더과정 입교

2007년 2월 12일 지방혁신인력개발원 27기 고급리더반 교육 입교는 공직생활은 물론 내 인생에 있어 큰 변환점이 되기에 충분한 일이었다. 이 무렵 사무실에선 연초 정기인사를 앞두고 행정자치부 지방혁신인력개발원(이하 '개발원'이라 함.) 입교대상을 찾느라 조금은 분주한 모습이었다. 나는 전년도 9월 20일자로 서기관에 승진하여 신설부서인 자치협력팀장을 맡고 있을 때였으니 도청 내 인사에 관한 한 문외한이었다. 이 시기 자치협력팀은 사무관 2명에 6급 이하 직원이 5명으로 총 8명의 비교적 적은 인원인 데다 비수도권 13개 시·도 지사와 지역대표 국회의원 13명으로 구성된 지역균형발전협의체(공동회장 경상북도지사, 이낙연 국회의원)를 실질적으로 운영하면서 지역 균형발전 업무를 총괄하는 등 그야말로 눈코 뜰 새 없이 바쁜 시간을 보내고 있었다.

지방혁신인력개발원

그러던 중 인사부서에서 개발원 연수 입교를 타진해 온 것이다. 순간 좋은 기회라는 생각이 들었지만, 즉석에서 승낙할 수 없는 처지였다. 무엇보다 갓 승진한 새내기 과장이 일하기 싫어 교육 간다는 좋지 않은 이미지를 남길까 걱정이 되었기 때문이었다. 그래서 조금 더 시간을 주면 좋겠다고 미루고서 상사인 기획조정본부장께 말씀을 드렸다. 그랬더니 현안 업무를 걱정하시면서도 의외로 개발원 장기교육은 한번 받아볼 만한 교육이라고 하면서 흔쾌히 승낙해 주셨다. 이후부터는 내가 직접 설명을 하지 않아도 될 만큼 빠르게 입교자로 분류되었고, 2월 1일자로 고급리더과정 입교 발령을 받게 되었다.

고급리더과정은 2006년도까지만 해도 '고급간부반'이란 이름으로 개발원 내에서도 가장 전통 있는 과정으로 알려져 왔기에, 나도 언젠가는 이 과정을 이수할 수 있으면 좋겠다는 생각이 늘 뇌리에 남아 있었다. 그런 생각은 1994년 제30기 중견간부 양성과정을 이수하면서 자연스럽게 생겨난 것 같다. 개발원 입교 발령이 나고 이후 10여 일간은 꿈 같은 시간이었다. 연수 기간 중 무엇을 더 열심히 할 것인지와 16개 시·도 동료들과의 관계를 어떻게 잘 맺을 수 있을지 등을 생각하며 행복한 고민에 빠져 시간을 보냈다. 그때는 곧 시작될 교육이 그렇게 호락호락 쉬운 과정이 아님을 미처 생각지 못했다.

적성에 잘 맞았던 연수원 생활

2월 12일 입교식이 있었다. 입교식이라 해봐야 공무원 교육 때마다 하는 입교식과 별반 다르지 않았다. 하지만 워낙 장기교육이고 대상이 서기관들인 데다 이번 교육에 대한 나의 기대는 다른 어떤 교육에 비할 바가 아니어서 설렘과 두려움이 교차하였다. 입교식은 또 다른 연수반인 고위정책과정(30명), 고급리더과정(70명), 중견리더과정(120명)이 함께 진행되었다. 대강당은 1996년 사무관 초임관리자 과정 교육 때 수업했던 곳이었다. 입교식이 끝나고 오후에는 오리엔테이션과 연수생 친교의 시간이 이어졌다. 모든 것이 낯설지만 새로운 분위기를 즐기는 것도 좋다는 생각이 들었다.

정규 수업은 이튿날부터 시작되었다. 오전은 특강, 오후는 체육·취미·외국어 등으로 채워졌다. 취미는 국궁을, 외국어는 중국어를 선택했다. 중국어는 예전에 좀 접했지만, 그 외는 처음인지라 시작부터 열심히 배운다는 각오로 임했다. 입교 둘째 날인 13일 화요일은 처음 특강을 듣는 시간이었다. 하나기업 컨설팅 대표인 장○○ 강사의 '비전 설정과 인생 재설계'에 대한 강의였다. 강사는 인생 재설계를 위해 Vision → Life Plan → Goal → Action Plan의 과정을 설명하고, 자기관리를 위해서는 ① 시간관리 ② 건강관리 ③ 표정관리 ④ 언어관리 ⑤ 재정관리가 중요함을 역설했다. 그리고 권장 도서 네 권(1. 당신의 인생을 이모작하라, 2. 미래를 읽는 기술, 3. 부의 위기, 4. 옷 잘 입는 사람이 성공한다)을 소개해 주었는데, 나는 이 중 1번과 3번을 읽었다.

14일부터 3일간은 자기 변화 촉진훈련이 진행되었다. '당신 안에 답이 있다, 원하는 것을 이루어 주는 에너지는 자기 자신 안에 있다'는 내용의 유답 교육은 입교 전 도청에서 받은 적이 있어 크게 와 닿진 않았다. 이후 매일 아침 9시~10시 외국어 특강, 10시~12시 저명인사 특강, 오후엔 체육·취미활동·외국어 수업이 계속되었다. 하루하루가 즐거웠지만 많은 현안을 남겨두고 훌쩍 떠나온 것 같아 당시 모셨던 상사분들께 송구한 마음을 가졌다.

사무실과는 사뭇 다른 분위기며 크게 변화된 일상에 다소 힘이 들었고, 무엇보다 혼자 사는 방식을 익히기까지 꽤 많은 시간이 필요했다.

연수생 숙소, 수원 ○○아파트 306호

경상북도의 입교생은 네 명이었다. 숙소 선정은 나의 제안으로 이뤄졌다. 2인 하숙, 4인 하숙 등 여러 경우를 견주다가 ○○아파트 306호로 결정하였다. 그 아파트는 당초 방 세 개짜리 아파트였으나 거실을 개조하여 방을 하나 더 만든 곳으로, 우리 네 명이 함께 생활하였다. 60대 중반인 주인 아주머니는 수시로 생수를 길어다 냉장고에 넣어두었고 청소도 맡아 주는 등 나그네인 우리가 숙소 때문에 불편하지 않도록 많은 배려를 해주셨다. 연수원에서 돌아오면 편안한 차림으로 집안을 활보할 수 있어 좋았고, 밤중이면 라면이나 커피, 과일 등을 먹으면서 내 집처럼 편안한 생활을 즐기곤 했다. 각 방엔 TV가 있고 노트북도 책상 위에 있었다. 저녁이면 함께 모여 낮에 연수원에서 있었던 일들을 이야기하며 소일했고, 때론 노트북 앞에

앉아 전산 시간에 배웠던 컴퓨터 관련 내용을 실습하기도 했다. 그러면서 가끔은 격무에 시달리고 있을 사무실 동료들을 떠올리기도 하였다.

　연수생 네 명이 아파트 한 채에서 공동생활을 한다는 것! 그 자체부터가 경북 팀은 특이했다. 매주 대구와 수원을 오가는 일도 카풀을 하기로 했다. 네 명이 매주 한 차례씩 자기 차를 운행키로 한 것이다. 매주 월요일 새벽 6시, 도청 민원실 앞에 모여 그 주 당번 차량에 소품을 싣고 수원을 오갔던 기억들이 새롭다. 입교 당시와 수료를 앞둔 시기에는 너무 이른 시간이어서 춥기도 하고 잠도 충분치 못해 힘든 나날의 연속이었다. 그래도 연수원에서 한 주를 즐겁게 보낼 궁리로 월요일부터 바빴고, 대구 집에 돌아오면 사무실에 출근할 걱정이 없어 좋았다. 무엇보다 급한 일을 이유로 사무실에서 호출당할 일이 없으니 편했다. 그저 휴일이면 내가 하고 싶은 대로 뭐든지 자유로이 할 수 있었으니 공무원 신분치고 그만한 여유를 부릴 기회는 다시 없을 것이었다.

　우리 일행은 중부내륙고속도로를 이용하였다. 오가는 길목마다 휴게소에서 커피며 간식을 먹는 재미도 좋았다. 상행선 문경휴게소, 하행선 여주 충주 괴산 문경 선산 칠곡 휴게소 등에서 여유를 부리며 그곳 정취에 흠뻑 젖었다. 하행선 선산휴게소 호떡 맛은 지금도 기억이 새롭다. 선산휴게소 인근의 저수지와 저수지를 내려다보고 있는 마을 전경은 몹시도 평화로워 보였고, 퇴직하면 그곳에서 살고 싶을 정도로 주변 풍광들이 매력적이었다. 이젠 출장 등 특별한 볼일이 있어야만 그 휴게소를 들를 수 있겠구나 생각하니 더욱 감회가 새로워진다.

저명인사들의 특강에 매료되다

교육 진행은 총 5개 차수로 구분하여 차수별로 시간 계획이 나왔다. 1차수 계획이 발표되었고, 월요일부터 금요일까지 매일 오전은 특강으로 이어졌다. 특강은 참여정부의 국정전략 등 주로 직무 관련 과목이 많았다. 그중 관리직 공직자로서의 역할과 자질 함양을 주문하고 변화하는 시대에 혁신을 통해서 국가발전을 선도해 나가라는 주문이 주류를 이루었다. 사회복지와 글로벌시대 FTA전략, 한국농업의 블루오션, 사회 양극화 해소방안 등 전문 분야에 대한 특강도 이

어졌다. 그뿐 아니라 건강 정보와 선배 공직자의 경험담에 이어, 함께하는 삶 행복한 인생 등 풍요로운 삶을 살아가는 지혜도 특강에 포함되어 있었다.

나는 교육을 받을 때마다 그랬듯이 대학 노트를 준비하고 특강 내용을 송두리째 정리하기로 마음먹었다. 눈은 침침해져 돋보기가 필요했고, 때론 동료들 눈에 공부만 하는 친구로 비칠까 조심스럽기도 했다. 하지만 이때는 좋은 성적을 낼 생각은 아예 하지 않았고, 오직 건강을 잘 다지면서 중견 관리자로서 소양을 갖추는 일에 더 관심을 가졌다. 저명인사 특강에 대한 노트 정리는 계획대로 진행되었다.

1차수 특강 중 기억나는 강의는 윤은기 총장의 '변화관리와 뉴리더십'이었다. 예전에 시간 관리에 대한 강의를 들은 적이 있었지만, 그분의 명강의는 변함없이 유익했다. 그는 서울과학종합대학원 총장에 재직 중이라고 했다.

몇몇 강의는 내용 자체가 다소 시대에 못 미친 것이 아닌가 생각될 정도였다. 동료들 사이에서도 인기가 별로 없었다. 다만, "후배공무원에 바란다"는 내용으로 특강을 한 이원종 지사(충북지사 역임)는 원로 공직자답게 스스로 경험한 내용을 소상히 설명해 주었고, 나름대로 주문도 잊지 않았다. 그는 "무슨 일이든 목표를 정하고 그 목표를 달성하기 위해서는 미쳐야 한다. 늘 공부하는 자세를 갖고 날로 새로워지라."고 말했다. 또한 공직은 하늘이 내려준 직업인만큼 공직자로서 소명의식을 가질 것을 주문하면서, 1912년 침몰한 호화 유람선 타이타닉 호의 침몰을 그린 영화 '타이타닉'에서의 선장과 일본 에도 시대를 배경으로 한 소설 '불씨'에서 유연하고도 강인한 지도력을 보여준 젊은 통치자를 예로 들었다.

패키지 프로그램과 분임 현장학습

4월이 시작되면서 2차수 연수계획이 마련되었다. 동료들의 관심은 단연 핵심역량 패키지 프로그램이었다. 핵심역량 프로그램은 외부 전문기관이 맡아 '창의력', '조직 리더십', '변화 혁신'을 주제로 교육하는 것으로 강의, 역할 연기, 발표 등 참여식 교육이 핵심이었다. 동료들 대개가 이 수업을 싫어했다. 2차수 연수가 시작되고 두 번째 주에는 창의력을 주제로 한 패키지 프로그램 연수가 있었다. 하루 네 시간씩 4일간 교육이 있었고, 매일 출강 강사가 달랐다. 강의 내용 가운데 창의력 개발과 관련하여 소개된 사례들은 다른 교육과정에서 들었던 내용도 많았고, 강사의 강의 수준도 저마다 달랐다. 적어도 내가 보기엔 평균 중간 이하라고밖에 볼 수 없었다. 네 번째 주에는 조직 리더십을 주제로 한 패키지 수업이 4일간 계속 되었다. 외부 기관 강사들이 강의를 전담하였다. 수준은 앞선 강의와 다를 바 없었다. 여기저기서 동료들의 한숨 소리가 들려왔다. 참여하기를 싫어하는 나이 먹은 공무원들의 습성이라고 해야 하나? 아무튼 8주째 변화 혁신 프로그램 교육을 끝으로, 모두가 힘들어한 패키지 수업을 마칠 수 있었다.

5월 초순으로 접어들어서는 분임 현장학습이 있었다. 분임학습은 분임별로 부여된 연구과제를 현장방문을 통해 심층적으로 접근할 수 있게 하는 한편, 분임원간 친목 도모를 염두에 두었다. 분임 현장학습은 총 세 차례 있었다. 우리 분임은 맨 먼저 호남지역을 다녀오기로 했다. 분임원 중 호남인은 광주시 백○○ 과장, 전북 강○○ 과장 두 분이었다.

첫날은 광주에서 1박을 했다. 수원을 출발하여 고창 선운사 입구에서 점심을 먹고 목포로 향했다. 오후 4시경이었다. 친구인 박○○ 목포시 국장의 안내를 받아 자연사박물관을 관람했다. 여러모로 수고를 아끼지 않은 친구가 고마웠다. 광주에서 1박을 하고 다음날 아침, 5.18광주민주화 묘역을 찾았다. 1980년 5.18은 내가 4급을류 공채를 합격하고 첫 발령지 영일군에서 근무한 지 1년 반쯤 되는 시점에 광주에서 일어난 사건으로, 고향에 갈 때마다 선친께서 들려주신 그때 그 사건들이 지금도 생생한 기억으로 남아 있다. 참배를 마치고는 담양으로 향했다. 담양죽세박물관을 보기 위해서였다. 각종 대나무 제품들로 가득한 박물관은 시대를 살아가는 우리들에게 지혜로운 조상들의 삶을 전해 주는 듯했다.

두 번째 분임 현장학습은 6월 13일부터 2박 3일 일정으로 전남 고흥반도와 경남 남해에서 있었다. 일행은 고흥 소록도를 맨 먼저 찾았다. 난생 처음 가본 소록도는 고흥 선착장에서 도선으로 10분 정도 걸리는 곳에 있었다. 소록도 땅을 막 밟으니 마중 나온 한 젊은이가 있었는데, 분임원 강○○ 과장의 아들이었다. 소록도에서 공중보건의로 근무 중이라고 했다. 일반 관광객이 접근하기 어려운 곳까지 안내하며 상세한 설명까지 곁들여 주었다. 정말 고마운 일이었다. 그런 아들을 둔 아버지의 마음이 얼마나 흐뭇했을까를 생각했다. 소록도 방문을 마치고 경남 남해로 향했다. 그곳에서 하룻밤을 묵기로 했기 때문이다. 가랑비가 옷을 적실 만큼 내리는 남해는 풋풋한 바다 내음이 비릿한 냄새와 어울리며 여기가 바다 연접 지역임을 말해주고 있었다.

이튿날 아침에는 남해가 자랑하는 보리암을 찾았다. 군청에 근무하는 문화해설사가 동행한 보리암 관광은 예전에 대학동기회 모임때 다녀왔던 것과 또 달랐다. 낮게 드리운 구름 사이로 크고 작은 바위가 보일 듯 말 듯 운치를 더했고, 깨끗함의 극치를 이룬 주변 풍광이 일품이었다.

오후엔 남해의 이곳저곳을 둘러보는 시간이었다. 남해군은 전국단위 축구선수들이 훈련할 수 있는 연습구장을 마련했고, 바다를 매립하여 골프장도 건설했는데 부킹이 힘들 정도로 대성황을 이룬다고 했다. 그곳에는 전국에서 유일하게 마늘박물관이 자리하고 있었다. 가는 곳곳마다 지방자치 단체들의 지역발전을 위한 몸부림의 흔적들이 역력했다.

매주 외국어, 취미소양, 체력단련 시간은 각 네 시간씩 배정되었다. 내가 선택한 취미는 국궁이었다. 입교 전부터 해왔던 헬스를 할까 생각하다가 국궁을 연마하기로 했다. 각 지역에 소재한 활터를 찾아보는 것도 의미 있을 것 같아서였다. 강의실에서의 이론 수업, 실내체육관 잔디 구장에서의 활 당기는 연습 등으로 시간이 지날수록 국궁은 재미를 더했다. 140미터 거리의 과녁을 적중시켰을 때는 자부심과 보람을 느끼기도 했다. 국궁연합회 연○○ 총재를 비롯한 강사분들의 열정과 노력 덕분이었다. 전국 시·도 단위 서기관을 대상으로 국궁을 홍보하겠다는 생각에서 이 과정에 적극적으로 임한 듯했다. 어떻든 좋은 생각이 아닐 수 없다.

  교육이 끝날 무렵 어느 날, 한강 변에 있는 난지도 국궁장을 찾았다. 국궁반 15명 전원이 참가했다. 지금도 연수원 측에서 찍은 난지도 국궁연습 동영상을 보면 그때 그 모습이 대견하고 자랑스럽다. 공직에 있는 동안 교육받기를 즐겨왔던 나의 평소 신념의 산물이 아닌가 생각한다.

또 다른 체육인 골프는 1주일 1회 2시간이 있었다. 그때 강사를 맡았던 사람은 골프학 박사 출신이라고 했다. 젊은 골프 학도의 수업에 대한 열정은 대단했다. 아무리 물어도 귀찮은 내색 하나 없으니 뭐라도 더 배워야 하는 우리로선 고마울 수밖에 없었다. 그렇게 열심히 했다고 자부한 골프는 교육을 마치고 난 후에야 겨우 초급 수준을 면할 수 있었다.

통일안보 현장학습, 금강산을 가다

제2차수 연구사 막바지에 이른 5월 중순, 금강산 견학이 있었다. 통일안보 현장학습이란 이름으로 부부가 함께하는 행사였다. 금강산 관광 자체가 우리 부부에게는 처음인 데다 연수를 통해 갈 수 있었으니 여러 가지로 의미가 컸다. 배우자 경비를 따로 부담하였고, 10킬로그램들이 여행용 가방도 구입했다. 그동안 국내 여행 한 번 제대로 못 해 본 터여서 기대가 컸던 게 사실이다. 특히 나의 아내는 아직 해외 한 번 가본 적 없는 처지이고 보면, 금강산 관광은 우리 부부에게 뜻깊은 큰 행사임에 틀림없었다.

구룡연폭포, 상팔담 등 명승지 구석구석을 둘러보았고 삼일포 해금강도 다녀왔다. 평양냉면과 닭요리도 먹었고 서커스도 관람했다. 사람이 저렇게도 재주를 부릴 수 있구나 싶었다. 2박 3일 금강산 일정을 마치고 수원을 거쳐 대구에 도착했다. 지방혁신인력개발원 고급리더반 교육을 통해서만이 가능했던 금강산 관광이었다.

어느덧 연수는 중반을 향해 빠르게 진행되고 있었다. 3차수는 5월 말부터 7월 하순 하계 방학 전까지였다. 연수원장의 특강이 있었고, 부부학습과 함께 연극 관람도 있었다. 우리 경북 팀은 모두가 싱글로 부부학습을 대신했다. 내심 서운한 맘을 금할 수 없었다. 이런 교육엔 부부가 함께하는 게 좋은데, 경북 팀 중 나 혼자만 그렇게 할 수 없었다. 계명대학교 김○○ 교수의 '연극의 이해'를 듣고 오후엔 대학로 소극장을 찾아 연극을 관람했다. 오랜만의 연극 관람이었고, 대한민국 예술 심장부라 할 수 있는 대학로에서 보는 연극이라 여러 가지로 의미가 컸다.

6월 중순엔 언어권별 어학연수를 가기로 하고 여행업체 선정 등 절차를 밟았다. 그런데 안타까운 일이 벌어졌다. 공기업 감사들의 해외연수 말썽이 일파만파로 커져 급기야 어학연수가 취소되기에 이른 것이다. 대신 연수원에서 2박 3일 일정의 국내 정책현장 탐방을 마련하였다. 현장 탐방이라고 하지만 대부분 한 번 이상 다녀온 지역들이라 호기심도 없었고, 대다수 동료들이 반기지 않는 분위기였다. 하지만 이것도 연수의 한 과정이란 생각으로 즐겨야겠다고 마음을 먹으니 상당히 의미 있는 나들이가 되었다.

일행은 거제와 해금강을 관광하고 그곳에서 1박을 했다. 이튿날은 부산 가덕도~거제간 교량건설 현장을 들러 부산 광안리에 여장을 풀었다. 광안리는 바다 위를 달리는 환상적인 광안대교며, 유흥업소들의 휘양찬란한 오색 불빛으로 여기가 진정 우리나라인가를 의심할 정도로 변해 있었다. 그 옛날 내가 부산서 대학을 다닐 때 가끔씩 들렀던 그 광안리가 아니었다.

현장 정책탐방 셋째 날에는 숙소 인근에서 해장국으로 아침식사를 하고 해운대를 둘러보았다. 동백섬과 누리마루를 구경하고 자갈치시장으로 이동했다. 생선회로 이름을 날렸던 자갈치시장! 남포동 부민동 보수동 대신동 영도다리며 용두산공원 등등 이 모든 곳이 옛일을 다시금 기억나게 했다. 국제시장 안 어느 법률연구원에서 숙식을 하며 밤엔 고시공부를 하느라 책과 씨름하고, 낮엔 가정교사를 하던 날들!

훗날 대학 총장이 된 허○○ 님을 만난 것도 그 무렵, 그곳에서였다. 1997년 내가 국무총리수질개선기획단 파견 당시 업무차 청와대에 들렀을 때, 그를 반갑게 만난 기억이 새롭다. 2박 3일간의 현장탐방을 마치고 오후 늦게 대구로 돌아왔다. 하루 종일 비가 내리고 있었다.

연구과제 작성에 전념하다

3차수가 시작되면서 연구과제 작성이 시작되었다. 연구과제는 개인과제와 분임과제, 두 종류였다. 우리 조의 분임과제는 인천시에서 보내왔으며 '국제대회 유치와 관련한 자원봉사 활성화 방안'이었다. 분임장을 맡은 서울시 정○○ 과장이 좌장이었다(지금 생각하니 좀 더 적극적으로 돕지 못했던 것 같아 미안한 마음이 든다.). 나의 개인과제는 '농촌 체험관광 활성화 방안'이었다. 경북도청 농정과 근무 당시 '녹색농촌체험마을' 업무를 담당했기 때문에 바로 자료를 수집해서 작성할 것으로 생각했다. 그런데 그렇게 쉬운 게 아님을 늦게사 알았다. 내가 갖고 있는 대부분 자료들이 현실감이 떨어진 과거의 것들로서 대부분 새로운 자료 수집이 필요했다. 각종 논문을 찾아 읽고 농림부, 도청 등 관공서 홈피를 통해 그나마 자료를 모을 수 있었다. 당시 친절한 안내와 소상한 자료를 메일로 보내준 농림부 여성 사무관님께 감사드린다. 하계방학 기간 중 맞춤법, 논문체계 등을 손질하여 과제 작성을 마무리 지었다. 연구과제 작성은 연수 과정 중에 이룬 또 하나의 중요한 성과였다.

8월 말부터 13박 15일간은 해외 연수가 이어졌다. 지중해와 서유럽을 두루 돌아본다는 것 자체가 나에겐 큰 설렘이고 기분 좋은 일이

그리스 파르테논 신전(1994년)

었다. 예전에 미국·캐나다 연수와 프랑스·이탈리아 연수는 갔었지만, 강렬한 태양이 연상되는 지중해 연수는 처음이고, 동경의 대상이었기에 더욱 그랬다.

맨 먼저 방문한 나라는 터키였다. 아시아와 유럽을 연결하는 관문인 터키는 보스포로스 해협을 사이에 두고 아시아와 유럽 문명이 공존하는 유서 깊은 나라로, 우리나라와는 6.25를 겪으면서 혈맹국으로 각인된 나라가 아닌가? 그 옛날 이슬람 문화의 번성함을 많은 유적을 통해 확인할 수 있었다. 또, 순박해 보이는 그들의 모습은 정겹기까지 했다. 생활 수준은 우리나라를 대적하진 못하더라도 화려했던 지난 세월 찬란했던 그들의 문명은 오늘 우리에게 많은 것을 시사하고 있는 듯했다. 무엇보다 터키 연안의 강렬한 태양은 여기가 지중해임을 대변하고 있었다.

세계 문명의 보고, 그리스에서의 여행은 특별함을 느끼게 했다. 아테네 신전을 보면서 소크라테스, 플라톤과 아리스토텔레스 등 고대 철학자들을 생각했다. 그리스 해변에서 크루즈로 1시간 걸리는 에기나 섬을 찾아 강렬한 태양이 작열하는 지중해를 의식하면서 각국의 관광객들과 함께하는 시간을 가졌다. 반도 국가인 이탈리아에서는 알프스의 잔설이 멀리 보이는 북쪽 밀라노에서 로마, 나폴리, 소렌토를 거치는 코스가 기대 이상의 남다른 감흥을 불러일으켰다. 여행을 통해 남다름을 배우고, 이를 통해 영감을 얻을 수 있음을 새삼 느낀 시간이었다.

열정과 도전의 시간들

삼백의 고장, 상주

2009년 7월 16일은 공직자로서 가장 영광스러운 날이었다. 상주시 부시장 발령을 받은 것이다. 그해 1월 정기인사에서 부군수로 갈 것

상주시 청사

부시장 집무실에서

이란 소문이 일부 있었으나 그때는 소문으로 그쳤다. 하지만 이번 인사에서는 아무튼 부단체장을 할 수 있을 것이라는 기대감이 있었다. 인사발령 발표를 앞둔 전날, 상주 부시장으로 간다는 소식을 듣고 만감이 교차했다. 순간, 이 세상에 안 계시는 아버지, 어머니 생각으로 가슴이 미어질 것만 같았다. 이 기쁨을 부모님께 전해 드릴 수 없는 안타까운 마음이 가득 차올랐다.

부시장 발령 소식을 전해 들은 아내는 누구보다 기뻐했다. 힘겨웠던 지난 시간을 모두 잊은 것 같았다. 집에 돌아와서 나는 아내와 부둥켜안고 울음과 웃음을 함께 토해냈다. 형님, 누님, 동생들 모두가 축하를 해 주었다. 고향 인터넷 신문 '담양곡성타임스'는 "옥과 출신 나병선 향우가 경북 상주시 부시장에 취임했다."라는 소식을 알리면서 "고향에서 옥과초등학교와 옥과농업기술중학교를 졸업했고 옥과농고도 다녔다. 아내 이상미와 슬하에 두 딸을 두고 있다."고 적었다. 막내 동서는 처가 마을 경주 천군동 입구 대로변에 사위가 상주 부시장이 되었다는 플래카드를 내걸었다. 장인어른이 좋아하시면서 동네 분들께 자랑을 하셨다는 말은 나중에 들었다. 참으로 자랑스러운 인생의 한 페이지로 기억된다.

발령을 받은 그날 오후, 상주로 향했다. 도청 인재양성과 사무실 앞에서 직원들의 환송을 받으며 도청을 출발했다. 결과적으로 그게 경북도청에서의 마지막이었다. 도청을 출발한 지 한 시간 정도 지날 무렵, 우리가 탄 차량은 남상주 IC를 통과하고 있었다. 곧 시청에 도착하였다. 현관 입구에서 직원으로부터 꽃다발을 받고 시장실로 향했다. 시장실은 2층에 있었다. 임용장을 받고, 바로 부시장실로 들어섰다. 예전에 상주시에 출장이라도 가는 날이면 시간을 내어 부시장실을 찾곤 했었다. 하지만 그때는 그 방의 주인이 내가 되리라는 생각은 해보지 않았다. 실·국장과 실·과·소장, 읍·면·동장 한 명 한 명으로부터 인사를 받았다. 취임식을 생략하고 각 실·과·소를 방문하여 부임 인사를 하는 것으로 대신했다. 그날 이후 하루하루 바쁜 날들을 보내게 되었다.

상주는 예로부터 삼백의 고장으로 유명하다. 상주에서 생산되는 쌀, 누에고치, 곶감을 일컬어 삼백이라고 한다. 사벌, 함창의 넓은 평야 지대에서 생산되는 쌀은 밥맛이 좋기로 명성이 나 있다. 함창에서 옛날 방식으로 직조한 명주는 전국 각지에서 찾는 이가 많다. 곶감은 상주를 부자 고장으로 만드는 데 한몫을 단단히 한 특산물이다. 2009년 당시 상주의 농특산물을 통한 농가 조수익이 연간 1조원에 달한다고 하니 대단한 일이다. 요즈음 귀농, 귀촌 인구가 크게 늘고 있는 것은 상주의 높은 농가소득과 무관하지 않을 것이다. 낙동강 제1경인 경천대를 비롯한 강 연안의 수려한 자연경관은 청정지역 상주의 미래를 더욱 밝게 하고 있다.

또, 상주는 고속도로 IC가 일곱 곳에 이른다. 명실상부한 대한민국 교통의 중심지라 할 것이다. 나는 경북도청 시절부터 항상 생각해 왔듯이 부시장 부임 이후 현장 행정의 중요성을 널리 알리고 이를 실천하려고 했다. 공직자의 손길이 필요한 곳이면 가능한 한 많이 찾아다닐 생각으로 몸은 한없이 바빴다. 하지만 예전 도청 시절에 비하면

그 정도 바쁜 것은 바쁜 게 아니었다. 출장을 갈 때면 관련 부서의 과장, 계장 등 직원이 동행하는 경우가 많았다.

현장 행정에 집중하다

시청에서 업무를 시작하고 보니 생각했던 것보다 할 일이 훨씬 많았다. 매일 빽빽한 일정에 따라 업무를 추진하려니 여간 힘든 게 아니었다. 더군다나 현장 행정의 중요성을 누구보다 잘 알고 가능하면 많은 곳을 다녀야겠다는 생각을 하고 있었기에 더욱 그랬다. 하지만 몸이 조금 고달프고 바쁜 것은 문제 될 게 없었다. 현장에서 만난 주민들의 이야기를 듣고 해결하려고 애쓰는 모습에 많은 분이 공감해 주셔서 힘이 났다. 민생 현장을 다니면서도 수시로 시의회에 출석하여 의원들과 시정을 논의하였다. 물론 난감한 질문으로 곤욕을 치를 때도 있었다. 오후 늦은 시간에 간부회의가 열려 김밥으로 저녁식사를 대신할 정도로 업무를 추진하는 데 열정을 가졌다. 돌이켜보니 이 모두가 큰 보람으로 다가온다. 자랑스러운 일이 아닐 수 없다.

나는 이 시기에 시민을 위한 행정에 몰두하겠다는 의지의 표현으로 다음 두 가지 제안을 했다. 첫째는 '출근 직후 담당마을 이장에게 안부전화부터 하자'라는 것이었다. 현장 행정을 실현하기 위해 뭔가를 직접 보여주는 게 필요함을 느끼면서 고민하였다. 그리고 생각했던 것이 "읍·면·동 사무소 직원이 출근과 동시에 담당마을 이·동장한테 안부전화를 먼저 한 후 업무를 시작하자."는 제안이었다. 간부들에게 물으니 주민들은 좋아할 것 같지만 공무원들은 싫어할 것이라고 했다. 그렇다면 일단 한번 시행해보자고 했다. 그리고 간부회의 때 다음과 같이 지시 겸 당부를 했다. 매일 담당마을 이장이나 반장, 통장 등 누구에게라도 전화를 걸어 '간밤에 마을에 별일은 없었는지' 또는 '오늘은 마을에 특별한 일이 없는지' 혹은 '출향 인사 중 누가 고향마을을 방문할 계획은 없는지' 등을 물어보도록 하자라고 말이다. 그리고 전 직원의 적극적인 실천을 당부했다. 그렇게 하면 읍·면·동 사무소에서 마을에 무슨 일이 있는지를 알 수 있을 것이고, 출향 인사가 오든, 마을에 행사가 있든 시청에서 챙겨야 할 내용을 빠뜨리지 않을 수 있어 좋을 것이란 설명도 덧붙였다.

일선 행정은 주민들의 생활과 밀접한 관련을 맺고 있어 주민들의 생활상을 구체적으로 아는 게 중요하다. 그것이 행정이 존재하는 이유이기도 하다. 생계가 어려운 분들, 건강이 좋지 않은 마을 어르신, 기쁨을 함께 나눌 가정의 속사정을 헤아린다면 훨씬 사랑받는 행정기관, 정부가 될 것이란 생각이 들었다. 당시 차상위 계층의 자살이 언론에 보도되는 걸 보았다. 우리 사회의 부유층과 빈곤층 간 양극화 심화로 국론분열 현상까지 엿보였다. 그런 데 대한 완충 역할의 책임이 나는 정부와 행정기관에 있다고 보았다.

그런 제안을 하고 몇 달 뒤, 어느 면장님을 만났다.

그는 "이장들에게 안부 전화를 하니 효과가 좋다."면서 "마을 이장이 면사무소 직원들에게 서로 점심을 사겠다고 할 정도로 분위기가 좋아졌다."고 했다. 하지만 많은 직원들은 실천하지 않았다. 내가 부시장직을 떠나면 없어질 수도 있겠다는 생각이 들었다. 그래도 그런 건 상관없었다. 실천을 해보는 것이 중요한 일이었다.

둘째로 제안한 사항은 "읍·면·동 사무소를 방문하는 사람에게 먼저 인사하고 용건을 묻자."라는 것이었다. 관공서를 방문하는 사람은 공무원에게 무엇을 해 달라고 요구하는 경우가 대부분이다. 공무원은 적법한 경우 이에 응할 의무가 있다. 그런데 방문객은 용건을 말하기 난감할 때가 있는 것이 사실이다. 이럴 때 공무원이 먼저 용건을 물어봄으로써 서먹했던 분위기를 바꿀 수도 있고, 민원인이 소기의 성과를 얻지 못하더라도 관공서에 대해 섭섭한 마음을 덜 갖게 될 것이란 생각이 들었다. 그래서 민원인에게 먼저 물을 것을 제안했고, 가능하면 일어서서 묻는다면 금상첨화라고 말했다. 당해 민원업무가 타 부서 소관 사항이라면 직접 모시고 그 부서로 안내해 준다면 더욱 좋을 것이란 말도 덧붙였다.

참석자들이 잠시 웅성거렸다. 그러한 제안은 처음 들었기 때문에 그랬던 걸까. 어쨌든 그날 이후 나는 전 직원이 명찰을 달고 근무하도록 했다. 그리고 감사부서에 지시하여 읍·면·동, 실·과·소 전 직원의 민원인에 대한 태도를 점검하도록 지시하였다. 물론 외부인을 동원하여 점검을 실시하였다. 그리고 나 역시 명찰을 달고 실·과·소, 읍·면·동을 다니면서 동향을 살피곤 했다. 당시는 그런 친절한 모습을 보였는데 지금도 그렇게 하는지는 알 수 없다. 주민을 위한 명실상부한 행정이란 이런 작은 관심과 친절에서부터 시작되는 것이라고 말하고 싶었다.

'교육도시 상주'를 꿈꾸다

상주시에는 상주고등학교와 상주여자고등학교가 있다. 전자는 (주)동아제약 그룹이 운영하는 사립학교이고, 후자는 공립학교이다. 그런데 교육청 관계자의 전언에 의하면 2009년 당시 매년 상주시 소재 중학교 3년생 중 성적 우수자 100여 명 정도가 상주시가 아닌 타 지역 고등학교로 진학하기 위해 상주를 떠난다고 했다. 놀라운 일이 아닐 수 없었다. 나는 지역에 좋은 고등학교가 있어야 그 지역이 발전할 수 있다는 생각을 해온 터라 어떻게든 상주시가 교육지원사업

상주여자고등학교

을 활발히 펼칠 수 있길 기대했다. 그래서 상주고와 상주여고 교장, 교감 선생을 차례로 만나 학교 사정을 들었다. 이런저런 대화를 해보니 상주여고가 학교 발전에 무척 적극적인 모습을 보였다.

얼마 후 상주여고 교장 선생님이 시청을 찾아왔다. 상주여고를 자율형 공립학교로 지정을 받고자 하는 데 도와달라고 했다. 당시는 이미 자율형 공립고로 지정받고자 신청서를 제출하였고, 지정 여부 결정권을 교육부가 가지고 있다고 했다. 그래서 교육부를 방문하기로 했다. 교육부 이○○ 학교지원국장한테 전화를 했다. 일면식도 없는 분한테 자초지종을 이야기하면서 면담시간을 좀 내달라고 요청했다. 그리고 정해진 날짜에 상주여고 교장선생님과 같이 교육부를 방문하였다. 상주시가 학교 교육 지원사업을 위해 노력할 테니 자율형 공립학교 지정을 부탁한다고 했다. 교육부 국장은 자신이 교육부에 오랫

동안 몸담아 왔는데 지방자치단체가 교육 지원사업을 하겠다고 나서는 것은 그 자체로서 드문 일이거니와 부단체장이 직접 교육부를 찾은 일은 처음이라고 하면서 반기는 모습이었다. 그러면서 아마도 좋은 평가를 받을 수 있을 것이란 말을 했다.

며칠 지나지 않은 일요일 저녁, 교육부 국장한테서 전화가 걸려왔다. '상주여고의 자율형 공립고 지정' 소식을 전해 주었다. 그날 이후 시장님의 결재를 받아 후속 일들이 진행되었다. 최근 소식에 의하면 상주여고가 예전보다 좋은 학교로 발전하고 있고, 수도권대학 진학률이 높아졌다고 했다. 참으로 보람 있는 일이다. 뭔가를 찾아 이루려는 노력이 있다면 세상일은 그런 쪽으로 변할 수 있음을 확신하게 된 또 하나의 사례였다.

상주 세계대학생승마선수권대회

2010년 11월 초, 상주에서 '세계대학생승마선수권대회'가 열렸다. 그리고 그에 앞서 10월 8일부터 10일까지 3일간은 화령장 전승기념 행사가 상주 시민운동장에서 개최되었다. 이는 육군본부가 주도적으로 추진하는 행사여서 승마대회보다는 부담이 덜했다. 하지만 같은 해에 대규모 행사 두 개를 치러야 하는 상황이었다. 내가 2009년 7월부터 상주 근무를 시작했으니, 1년 4개월 후에 치러야 할 국제행사를 앞둔 상태였다.

국제행사를 준비하는 일은 크나큰 부담이었다. 자나 깨나 행사와

승마대회 준비 점검회의

관련된 일로 바쁜 나날을 보냈다. 각계 전문가 및 인사들로 구성된 승마대회조직위원회 산하 집행위원회 위원장직을 맡아 국제 승마장 건설은 물론, 행사 준비 상황과 시가지 정비 같은 환경정비 부분까지 챙겨야 했다. 행사 관련 부서 계장·과장, 동장, 인근 지역 읍·면장을 시청 버스에 태워 시가지와 행사장으로 가는 길목을 순회하면서 정비해야 할 사항들을 하나하나 점검했다. 또한 이 기회에 상주시민의 의식개혁 운동을 함께 추진하고자 했다. 상주를 찾는 외부 사람들에게 친절하고 예의를 갖춘 성숙한 시민의식을 보여줘야겠다는 생각 때문이었다.

행사를 몇 달 남겨놓고는 시가지 주요 지점에서 플래카드, 피켓을 들고 서 있기도 하고, 직접 대청소를 실시하기도 했다. 또한 상주경

승마 장애물 경주

찰서 경찰관들과 시청 직원이 함께 참여하는 교통질서 지키기 캠페인도 펼쳤다. 세계승마대회를 계기로 상주에 남는 것이 있어야 할 것이란 말을 대회가 끝날 때까지 입에 달고 살았을 정도로 승마대회를 성공적으로 치르는 데 열정을 바쳐 일했다.

대외적으로도 할 일이 많았다. 문화체육관광부와 마사회 등 관련 기관을 방문하여 협조를 요청했다. 마사회의 경우 대회 운영과 관련된 협력이 절실했다. 특히, 경기용 말을 임차해야 했기 때문에 더욱 그랬다. 문화체육관광부는 당시 정부로부터 국제대회 승인을 받지 못한 상황이어서 특별히 자주 찾았다. 하지만 끝내 승마대회는 정부 승인을 받지 못한 채 행사가 치러졌고, 중앙정부 임석관으로 문화체육관광부 장관이 참석하였다. 장관은 오토바이를 타고 행사장에 도착하여 상주시의 안내로 탈의실에서 양복을 갈아입고 참석하여 의전에서 어려움을 겪어야 했다. 의전 관계로 특히 도지사님께 송구스런 마음을 금할 수 없었다. 어쨌든 만족하지는 못했을지언정 행사는 차질없이 마칠 수 있었다.

정부 '고향의 강' 시범사업 추진

낙동강 상주 구간은 남다른 의미가 있는 곳이다. 낙동강 발원지는 강원도 태백시 황지이지만, 낙동강 700리 시작 지점이 상주시 사벌면 퇴강리이다. 그곳엔 700리 시작점을 알리는 표지석이 웅장하게 서 있다. 물론 황지는 낙동강 1,300리 시작점이다. 이처럼 의미 있는 낙동강과 관련하여 이명박 정부는 2003년도 출범과 함께 한강, 낙동강, 금강, 영산강 등 4대강 사업을 추진하였다. 향후 물 부족 시대를 대비하고 동시에 깨끗하고 안전한 물을 안정적으로 공급하겠다는 목표 아래 사업이 추진되면서 지방자치단체에서도 이 사업에 집중하게 되었다.

낙동강 전 구간 8개 보 가운데 상주보와 낙단보 등 2개 보가 상주시 관할구역에 있었다. 강바닥 준설시 발생하는 골재(모래)를 적치하는 것과 준설토를 이용하여 강 인근 농지를 리모델링하는 사업을 시행하면서 생기는 찬반 민원에 대한 처리 등이 주요 이슈가 되었다. 4대강 사업을 반대하는 측의 시위에 대응하여 이들을 설득하고 사업 필요성을 설명하는 것도 주요 업무였다. 특히 경부고속철도 천성산 도룡뇽 사건으로 잘 알려진 '지율스님'이 상주시 중동면에 기거하면

상주보

서 4대강 반대의 선봉에서 목소리를 높였던 그해 여름날, 강변 모래밭은 폭염과 함께 몸살이 날 지경이었다. 매주 서울에서 시민단체를 태운 차량이 버스투어를 내세우며 낙동강 경천교 주변으로 모였고, 나는 상주경찰서장과 현장에서 시민단체 곁에 있었다. 휴일이면 도청 정무부지사, 담당 과장 등이 현장을 찾는 일이 많았다. 낙동강 사업 찬성을 부르짖는 계층들은 많았지만 앞장서서 반대편 사람들을 설득하는 사람은 찾기 힘들었다. 그것까지도 행정의 몫이었다.

당시 나는 부산지방국토관리청을 자주 다녔다. 상주 도남서원 앞의 작은 섬 하중도(생태공원)를 건너는 교량을 건설할 때 상주시가 제안한 도면을 참고해 달라는 요청을 하기 위해서였다. 대구에 소재하는 생태환경 디자이너에게 부탁하여 교량 조감도 3건을 설계하여 국토관리청에 제시하였다. 우리가 제안한 도면 중 하나를 선택해 달라는 요청이었다. 그렇게 하지 않을 것이면 차라리 상주 시비를 투입할 테니 그냥 두는 편이 낫겠다고 할 정도였다. 하중도 수변생태공원을 잘 조성하고 그곳으로 진입하는 교량을 전국에서 하나뿐인 명품교량으로 만들고 싶었다. 하중도를 건너는 다리를 보기 위해 전국에서 관광객들이 줄을 잇게 할 생각이었다.

그런데 그런 나의 바람은 이루어지지 않았다. 콘크리트 교각을 세우고 철골로 난간을 만든다고 했다. 흔히 볼 수 있는 전통적인 방식이었다. 그 이후 상주를 떠나게 되었고 상주시 의견이 반영되지 않은 채 교량 건설이 완료되었음을 나중에 알게 되었다. 대단히 평범한 교량 하나가 먼발치에서 보였다. 교량을 보면서 내심 크게 실망했다.

정부의 4대강 사업이 막바지에 이를 즈음 4대강 지천에 대한 정비사업이 시범사업 형태로 시작되었다. 이른바 '고향의 강' 시범사업이다. 경상북도에 한 곳을 선정한다는 소식을 접하고 국토교통부와 부산지방국토관리청을 수차례 드나들었다. 국토부 권○○ 수자원정책실장, 노○○ 수자원정책관, 그리고 이○○ 수자원개발과장을 수시로 만나 낙동강 '고향의 강' 시범지역으로 상주를 선정해 달라고 요구했다. 국토부 노○○ 국장과 이○○ 과장은 1997년 국무총리 수질개선기획단에서 함께 일했던 분들이다. 경상북도에 한 곳을 시범사업으로 추진하는 데 상주시에 배정해 달라고 요청했다. 그리고 사업대상지로 상주시 병성천을 제시했다. 병성천은 상주시 공성면 국수봉 남쪽 계곡에서 발원하여 청리면을 지나 경북대학교 상주 캠퍼스 앞으로 흘러 낙동강에 유입되는 총연장 30km의 하천이다. 국토부 지인들의 소개를 받아 부산지방국토관리청장을 수차례 만나 상주 병성천의 사업 필요성을 설명했다. 고향의 강 시범사업은 총사업비 170억 규모로 상주시 입장에서 큰 규모의 사업이었다.

상주 병성천

운이 좋게도 고향의 강 시범사업이 상주시 병성천으로 결정되었다. 하천 바닥을 준설하고 자연석으로 모양을 내고 고수부지 등에는 운동 시설을 갖출 수 있었다. 병성천 사업 구간은 남상주 IC 부근 청주 방면으로 가는 길목에서 잘 보이는 지역이었다. 퇴직 이후 어느 날 이곳을 지나는 병성천이 눈에 들어왔다. 그때 그런 노력이 더해져 고향의 강 사업이 추진되었다는 생각에 자랑스러운 마음이 절로 들었다. 무슨 일이든 굳게 마음먹고 열정을 바쳐 추진 의지를 가질 때 성사되는 경우가 많음을 체험한 또 하나의 사례라고 자부한다.

'자전거 도시, 상주'를 위한 열망

자전거 보급 100여 년의 역사를 가진 상주에서는 1925년 상주역 개설 기념으로 조선팔도 전국 자전거 대회가 열렸다. 일본이 우리에게 자신들의 우월성을 보여주려 기획한 대회였는데, 당대 조선 최고의 사이클 선수인 엄복동 선수가 우승을 하였다. 이는 우리 민족의 자긍심을 불러일으키는 일대 사건이었다고 전해진다. 그 영향으로 상주에서는 자전거 타기 붐이 조성되었고, 상주시는 오늘날 자전거의 도시로 자리매김하였다. 지금도 상주역 대합실 한쪽 벽면을 가득 채운 흑백사진이 그 옛날 상주에서 대회가 있었음을 알려준다.

북천 자전거 조형물 (2010년)

내가 부시장으로 재직하던 2009년 무렵, 상주시 전체 4만 가구가 8만 대의 자전거를 보유하고 있었으니 한 가구당 자전거 두 대를 보유할 정도였다. 그뿐 아니라 각종 행사 때마다 경품을 자전거로 내걸

만큼 시민들에게 익숙한 자전거 문화의 독특한 풍경을 볼 수 있었다. 그런데 어쩐 일인지 당시 행정자치부가 추진하는 '자전거 도시 지정 사업'에 신청서를 제출했다가 낙방의 고배를 마셨다. 구미시와의 경쟁에서 탈락했는데, 지금도 결정 과정에 의문을 지우지 못하고 있다.

자전거 도시 선정을 위한 현장 확인을 위해 행정자치부 관계자가 상주시를 방문하였다. 내가 직접 안내를 맡았다. 그런데 현지 확인 및 평가를 마치고 상주시를 떠났는데 현장 평가 관련 자료가 시청회의실에 방치되어 있었다. 내용을 자세히 보니 방문 전에 이미 결과를 확정한 듯한 흔적이 발견되었다. 그리고 적용기준이 상주와 구미간 상이한 부분이 있음을 발견하였다. 나는 즉시 행정자치부에 이의를 제기했다. 몇 번 전화를 했는데 명확한 답변이 없어 진상 확인을 바

상주 자전거박물관 (2010년)

라는 내용의 공문서를 경상북도와 행정자치부에 보냈다. 그렇지만 결과는 뒤바뀌지 않았다. 자전거의 역사 면에서, 시민들의 실생활 활용 정도에서 구미시에 뒤질 일이 없다는 생각을 가졌는데 여러모로 허탈감을 남기게 되었다. 지금도 결과를 이해할 수 없고 그때 그 일을 생각하면 마음이 아프다.

상주 충렬사에서 임란공신 추모 제향

'상주임란북천전적지'는 임진왜란 당시 조선의 중앙군과 향군이 왜군의 주력부대와 싸운 공식적인 우리나라 최초의 격전지로 900여 명이 분연히 전사한 호국 성지다. 1592년 4월 13일 부산에 왜병이 상륙하자 이를 막기 위해서 급파된 조선 중앙군(순변사 이일) 60여 명

임란북천전적지 제향 행사

과 상주 판관 권길, 호장 박걸이 밤새워 소집한 장정 800여 명 등 900여 명이 일본 소서행장이 이끄는 왜군을 맞아 이곳 북천에서 격전하여 조선 군관민이 순국한 곳이다. 상주에서 문경 가는 국도변 북천교 좌측 언덕에 위치한 전적지는 1988년 문화재(지방 기념물 제 77호)로 지정되어 1990년부터 정화사업을 실시하여 상산관 등을 지금 자리로 옮기고 충렬사를 건립하여 당시 순국한 윤성, 권길, 김종무, 이경류, 박호, 김준, 박걸 및 무명 열사들의 위패를 모시고 있다. 매년 6월 4일이면 이곳에서 상주시충렬사제전위원회 주관하에 문중의 후손과 유림 및 각 기관단체장, 시민 등이 참석하여 '제향'을 봉행한다. 2010년 상주시장을 대신하여 초헌관으로 참석하여 제향 행사를 가진 바 있다. 이런 행사 참석은 살아오는 동안 드문 일이었고 최고의 제관인 초헌관으로서의 역할은 처음이었기에 특별한 경험으로 기억하고 있다.

기나긴 공직생활을 마감하다

2010년 11월 4일, 평생 몸담았던 공직에서 명예퇴직을 했다. 시청 강당에서 퇴임식이 있었다. 모든 일은 시작과 끝이 있듯이 30여 년의 공직생활에 종지부를 찍는 순간이었다. 그렇게 일찍 공직을 마감하는 시간이 돌아오리라는 생각은 미처 하지 못했다. 상주시 부시장으로 재직하는 동안 시민이 주인이 되는 시정을 펼치려 노력했고, 특히 학교 교육과 시민교육 등에 많은 관심을 기울여 '평생 학습하는 도시,

상주'를 만들겠다는 각오를 다졌지만 흡족하지 못한 성과로 그 나머지를 후임에게 맡긴 채 상주를 떠나야 했다. 퇴임식에는 재직하는 동안 함께 했던 시청 직원들, 관계기관 인사들이 참석하여 자리를 함께 해 주었다. 감사한 일이다. 또, 광주 형님과 형수님, 누님과 매형, 동생네 부부 등 가족이 함께하여 축하를 해주었다.

퇴임식을 마치고 현관을 걸어 나오는데 계단 밑에서 정문까지 좌우로 직원들이 서 있었다. 나는 아내와 함께 직원 한 명 한 명과 악수를 나누며 작별인사를 했다. 1년 반 동안 함께했던 직원들 얼굴을 보며 서운함을 느낀 직원은 없었을까를 생각했다. 도열한 직원들과 인사를 나눈 후에는 정문 앞에서 본관을 배경으로 시장님과 마지막 기념 촬영을 하였다. 그리고는 대기하고 있던 차를 타고 관사로 돌아왔다. 관사에서 기다리고 있던 형제 자매, 친구 최송휴 내외와 기념사진을 찍는 것을 끝으로 작별인사를 마치고, 그날 오후 늦게 대구

복현동 집으로 돌아왔다. 1978년 10월 경상북도 영일군에서 시작한 공직자의 길이 상주에서 마무리되는 순간이었다. 기나긴 공직생활 동안 남편으로서, 아버지로서, 직장 동료로서 살아온 날들을 되돌아보면서 그들에게 나는 어떤 모습으로 남아 있을까를 생각하였다.

4

인생 2막

기업과 경제를 익히다 160
대학 강단에서 175
부동산중개업 & 행정사 개업 187

기업과 경제를 익히다

3년 임기의 기업지원단장 발령

2010년 11월, 정년보다 2년 2개월 빠른 조기 퇴직을 하고, 2011년 1월 1일 자로 3년 임기의 경북테크노파크(이하 '경북TP') 기업지원단장 발령을 받았다. 채용공고 이후 경북TP 입사를 위해 대구중앙도서관에서 입사지원서와 PPT 발표 자료를 준비했다. 그리고 면접을 거쳐 합격할 수 있었다.

경북TP는 '산업기술단지 지원에 관한 특례법'에 따라 경상북도, 경산시, 지역 4년제 5개 대학이 참여하여 1998년에 설립한 재단법인이다. 산업계와 학계가 서로 관계를 맺고 기업지원 및 지역사업을 연계·조정하고, 창업보육, 연구개발, 장비활용, 교육훈련, 시험생산, 지역사업 기획평가 등을 수행하는 기관이다. 원장과 단장 2명을 포함한 총 80여 명의 직원들이 근무하는 조직으로서 기업지원단장은

경북테크노파크

성장 가능성이 있는 유망 중소기업의 발굴, 육성 및 산·학·연·관 연계를 통한 기업지원 사업을 담당하였다.

도청 재직시에는 경북TP가 경산 어딘가에 있다는 사실만 알고 있었을 뿐, 어떤 사람들이 근무하고 있고 업무 내용이 무엇인지에 대하여는 자세히 알지 못했다. 응시원서를 제출하고 도서관을 드나들면서, 그리고 홈페이지를 통해 업무에 대해 조금 이해를 하는 정도였다. 그래서 처음에는 '전문성을 요구하는 기관에서 과연 업무를 제대로 할 수 있을까?'를 생각하니 머리가 복잡했다.

하지만 1월 2일 시무식에 참석하면서 TP 구성원으로서 첫발을 내디뎠고 새로운 각오를 다졌다. 시무식에 참석한 직원들이 반갑게 맞아주었다. 나는 "원장님을 모시고 여러분과 함께 일하게 된 것을 기쁘게 생각하며, 앞으로 많은 것을 배워가면서 일하고자 한다. 여러

분의 도움이 절실하다."는 말로 인사말을 대신했다.

직원 워크숍으로 업무를 시작하다

상당 기간 공석이었던 기업지원단장으로 전직 상주시 부시장이 온다고 하니 직원들 간에는 기대와 우려가 반반 교차하는 분위기였다. 그들이 우려하는 부분은 내가 융통성 없이 공직자의 틀에 박힌 고정관념을 갖고 있어서 본인들이 업무를 추진하기가 힘들어지지는 않을까 하는 것이었다. 또, 그 반면에 기대하는 부분은 도청과의 인적 네트워크를 잘 구축하여 업무를 추진하는 데 도움을 받을 수도 있겠다 하는 것이었다. 모두가 맞는 말이었다.

우선 나는 직원들이 걱정하지 않도록 특별히 관심을 기울였다. 먼저 기업지원단 워크숍을 제안했다. 직원들과의 소통이 필요하다고 생각했기 때문이다. 모두가 동의했고, 무척 좋아했다. 그런대로 시작이 좋았다. 아직 찬 기운이 가시지 않은 봄날, 상주시 은척면에 있는 성주봉 휴양림에서 1박을 하게 되었다. 즐거운 시간을 보내며 거의 밤을 지새우는 직원이 많았다.

2일 차는 상주시 투어를 했다. 국제승마장, 경천대, 상주박물관, 자전거박물관을 돌아보았다. 자동차 부품(와이퍼) 전문 생산업체를 찾아 견학도 하였다. 1박 2일 워크숍을 마치고 나니 직원들과 격의 없는 분위가 만들어졌다. 경북TP에서 예전에 보기 어려웠던 일들이라고 했다. 2011년 3월, 경북TP에서의 시작은 그렇게 출발하였다.

기업지원 사업을 담당하면서 많은 기업체를 방문하고 기업인을 만날 수 있었다. 당시 한국기업경영연구소 자료에 의하면 우리나라 창업기업 중 1년 안에 문을 닫는 곳이 60%, 5년 안에 문을 닫는 곳이 40% 이상, 50%에 가까울 정도라고 했다. 창업 후 이를 잘 유지해 나가는 것이 얼마나 어려운 일인가를 짐작할 수 있었다. 무엇보다 중소기업의 유지와 발전이 중요한데, 중소기업은 자금, 인력, 기술 등 경영 역량이 대기업보다 떨어지는 것이 문제였다. 실제로 경북TP와 연관을 맺고 사업을 추진하는 많은 중소기업이 영세성을 면치 못하고 있는 데다 지원기관들은 얼마 되지 않는 지원금으로 좀 더 많은 기업에 혜택을 주려다 보니 지원성과를 내기가 매우 어려운 구조였다.

그렇지만 가능한 범위 내에서 지원기업 수를 줄이더라도 수혜기업에서 성과 창출이 가능하도록 지원액을 늘리려고 노력했다. 기업을 설립하고 운영한다는 것은 정말 어려운 일임을 이 시기에 알게 되었다.

청년창업 CEO 육성 & 기업체 지원

내가 경북TP에 입사한 직후, 경상북도에서 전액 지원을 받은 '경상북도 청년창업지원센터'가 경북TP 내 글로벌 벤처동 3층에 문을 열었다. 좋은 기술력과 아이템을 가진 예비 청년 창업인을 모집하고 이들에 대한 집중 교육과 지원을 통해 경북의 미래를 이끌어 나갈 핵심기업으로 육성해 나가고자 하는 프로젝트의 결과였다.

경상북도의 청년창업 지원 방침이 정해지고 세부계획을 마련하면서 창업을 위한 연구, 기획에 적합하도록 글로벌 벤처동에 창업공간 리모델링을 시작하였다. 그리고 그해 2011년 5월 31일 개소식을 가졌다. 센터는 총면적 758㎡의 규모로 창업실(11개 50팀 입소 가능)과 제품 테스트실, 촬영실, 세미나실 등 공간을 갖추고, 복사기와 프린터기 등 사무기기를 무료로 제공하며 체계적인 홍보, 마케팅, 재무관리 등 경영지원도 함께 제공하는 시스템이었다.

경북청년창업지원센터

예비창업가에 대한 지원으로 팀당 10㎡ 정도의 창업공간을 무상으로 제공하고, 분기별로 정기 평가를 하여 A등급 100만 원, B등급 70만 원, C등급 50만 원 상당의 창업활동비를 매월 지원하도록 했다. 2011년 첫해 모집 결과, 지식서비스, 기술창업, 일반창업 등 3개 분야에 총 50개 팀 70명의 예비창업가와 초기창업가를 선정하였으며, 이들에 대해 특허, 세무, 회계 등 기업체가 필요로 하는 교육을 집중 실시하였다. 그 결과 수료생 중 80~90%가 사업자 등록을 할 정도로 성과가 좋았다. 그리고 2년, 3년 차에도 예비청년창업가 양성은 계속되었다. 최근 소식에 의하면 그동안 청년창업지원센터를 거쳐간 기업체를 대상으로 연구 및 운영 지원사업을 신규로 시행할 계획이라고 한다. 기쁘고 반가운 일이다.

당시 경북TP에는 글로벌 벤처동에 40여 개 기업이 입주하고 있었다. 태양광, IT, 정보통신 등 업종도 다양했다. 이들 입주기업이 중견기업으로 성장하도록 일정기간 보육을 담당하고 있었는데 현실은 여러 가지로 취약점이 있었다. 기술력과 경쟁력 있는 기업이 입주해야만 입주해 있는 기간 동안 지원을 통해 중견기업으로 성장할 수 있을 텐데 그렇지 못한 것이었다. 경쟁력 있는 기업은 수도권이나 대구시 등 다른 대도시에 입주하기를 원했다. 가능한 한 기술력 있는 기업 위주로 선발해서 입주토록 하되, 입주해 있는 기업에 대한 관심과 지원도 중요하다는 생각을 하게 되었다.

기업지원단 내 입주기업 지원을 맡은 담당 직원 두 명을 배치하여 그들의 애로사항, 경영실태 등 다양한 정보를 수집하면서 그들의

글로벌벤처동

입장에서 꾸준히 대화할 수 있도록 주문했다. 담당 직원들이 수집한 정보를 주간 단위로 받아 컨텍센터 전문위원들과 함께 대책을 논의하고 해결책을 모색하는 일을 반복하였다. 입주기업 대표와 직원들이 참여하는 탁구동호회를 만들어 매월 1회 모임도 가졌다. 이를 통해 작지만 예전과는 다른 소통의 모습을 찾으려 했다. 다양한 건의 가운데 할 수 있는 것부터 신속하게 반영해 주도록 했다. 하지만 임대료를 낮춰달라는 요구는 끝내 들어주지 못해 안타까웠다.

중소기업의 경쟁력 강화에 진력하다

경북TP는 적어도 표면적으로는 종합적 기업지원 기관으로 알려져 있었다. 그렇지만 더 중요한 것은 지원 내용이 문제였다. 이미 경북

TP는 주요 사업으로 연구개발 지원, 기술이전 사업, 시제품 제작지원 등 다양한 사업을 추진하고 있었다. 하지만 지원 내용을 자세히 보니 다분히 보여주기식 사업으로 여겨졌다. 나는 직원들에게 이런 주문을 하곤 했다. 1개 기업을 지원하더라도 국가, 지자체 등 관공서의 지원을 받아 이만큼 큰 기업으로 성장하게 되었다는 이야기를 듣도록 하자고 말이다. 그렇게 하려면 여러 기업들에게 골고루 나누어 주는 것보다는 기술력과 성장 가능성이 있는 기업을 엄선하여 집중 지원하는 방식으로 바꾸어 가자고 제안했다.

직원들은 내 이야기가 타당하기는 하지만 원장님이 좋아하지 않는 방식이라고 했다. 하지만 지원방식에 있어서 가능한 한 지원기업 수를 줄이고 지원금액을 높이는 노력을 지속하였다. 이후 이런저런 일들로 원장과 불편한 관계가 지속되었다. 나 스스로는 물론이고 조직 구성원들에게도 도움이 안 되는 일로 분란만을 키운 결과를 가져왔다. 후회와 안타까운 마음은 상당 기간 계속되었다.

한편, 해외 마케팅 사업은 비교적 활발했던 것으로 기억한다. 미국, 유럽도 포함되었지만 중국에 대한 마케팅에 더욱 많은 공을 들였다. 그 이유는 중국 북경에 경북TP 사무소가 있어서 가능했다. 당시 북경사무소장은 송○○ 팀장이었다. 그는 중국 현지 사정에 능통한 데다 인적 네트워크를 잘 구축하고 있었다. 경북의 기술 경쟁력을 갖춘 기업을 선발하고 중국 현지의 사전 정지작업을 거쳐 경북 1개 기업이 중국 5~6개 기업과 연계하는 방식의 마케팅을 펼쳤다. 수차례에 걸쳐 진행된 중국 마케팅 행사는 매회 대성황을 이루었다.

아쉽게 생각되는 부분은 해외 마케팅 사업에 경북 도내 23개 시·군 지역의 다양한 기업들이 참여하지 못한 것이다. 주로 참여한 기업이 경산, 영천, 구미, 칠곡 지역에 국한되어 성장 잠재력이 큰 우수 기업을 더 많이 발굴해 내지 못한 부분을 들 수 있다. 아쉽지만 이젠 모두가 지나간 일이 되었다.

경북테크노파크의 변화와 혁신을 외치다

내가 경북TP에서 일을 시작한 것은 2011년 1월 초였는데 시간이 지나면서 놀라운 사실들이 하나둘 발견되었다. 그 하나는 전자결재 시스템이 없어 직원들이 결재를 받기 위해 줄을 서 있는 것이었다. 둘째는 직원들에 대한 교육 훈련 프로그램이 없다는 것이었다. 또한 낮은 급여로 직원들의 사기가 바닥에 있었다. 3~4년간 급여가 동결되었다고 했다. 직원 개별 상담 때마다 급여 인상 요구는 단골 메뉴였다. 나는 조직에 대한 변화가 필요하다는 생각을 했다. 그래서 변화를 위한 방법을 고민하기 시작했다. 그런 생각을 하던 중 원장 임기만료가 임박하였다. 새로운 원장이 부임하면 변화를 확실히 담보할 수 있겠다는 생각을 했다. 후임 원장으로 거론되는 인사는 누구라느니, 현재 원장의 재임이라느니 여러 이야기가 오가는 시기였다.

나는 행정지원실장과 때로는 주무 팀장과 타 시도 TP를 견학하였다. 당시 일 잘하는 기관으로 알려진 경기, 광주, 경남 TP를 방문하여 기관 운영의 노하우와 잘하고 있는 부문에 대한 정보를 수집하고 의견을 교환했다. 방문 결과를 정리해 보니 경북TP와는 다른 부분들이 대단히 많다는 것을 알게 되었다. 반드시 바꿔야 한다는 생각을 하게 되었다. 그런 생각은 나뿐만이 아니라 동행했던 직원들도 같은 생각이었다. 개선이 필요함을 느끼면서 신임원장이 부임하면 TF팀을 구성하여 희망이 있는 조직, 성장 발전하는 조직으로 거듭나기 위한 구상에 몰두하면서 팀장, 팀원들과 수차례 논의를 거쳐 기업지원단장이 주도하는 일명 '경북테크노파크 혁신안'을 마련하였다. 그런데 새로운 원장이 선임된 게 아니라 직전 원장의 '재임'으로 결정이 난 게 아닌가. 큰일 났다 하는 생각이 먼저 들었다. 왜냐하면 전자결재 시스템 부재, 3~4년 간의 급여 동결 등 주요 이슈들이 원장 방침에 따라 그렇게 흘러 왔다는 사실을 잘 알고 있었기 때문이다.

2011년 7월 1일, 경북TP는 제2기 원장 체제에 들어섰고 첫 번째 간부회의가 세미나실에서 있었다. 매주 월요일 8시 40분에 열리는 간부회의는 팀장급 이상 직원이 참석했고, 참석자는 15~20명 정도였다. 직제 순서에 따라 팀장 보고가 이어지고 마지막 원장 멘트로 회의가 끝나는 수순으로 늘 반복 진행되었다. 나는 이 회의에서 직원들의 기대감을 담은 내용을 조목조목 제안 형태로 정리하여 혁신 방안을 제시하였다.

첫 번째 제안 사항은 전자결재 도입 건이었다. 두 번째는 교육 훈련의 일상화와 무엇보다도 직원 급여 인상에 초점을 두었다. 마지막 제안 내용은 업무의 분장화였다. 내부 업무는 단장, 팀장한테 맡기고 원장은 기업체, 도청, 중앙부처 등 관련 기관 방문 등에 역점을 두는 게 좋겠다고 했다.

그런 제안이 있은 후 행정지원실 주도로 조금씩 변화가 이루어졌다. 전자결재 시스템 도입에 대한 이야기가 돌았고, 행정지원실장이 문의를 해오기도 하였다. 나는 도청 또는 타 TP 전자결재 시스템을 참고하는 것이 필요할 것이라고 말해 주었다. 1년 정도 지난 시점 어느 날, 전자결재 시스템 구축이 완료되었다. 이후 시행착오가 있긴 했지만 2012년 말경 전자결재 체계가 구축되기에 이르렀다. 연봉도 시행착오를 겪긴 했지만 20~30% 인상된 수준에서 결정된 것으로 보였다. 원장, 단장 등 간부직은 연봉 인상에서 제외한 터라 그것은 나와 직접 관련은 없었다. 하지만 그러한 변화가 반가웠다. 경북TP가 일 잘하는 조직으로 거듭나기를 열망하면서 열심히 조직을 위하는 일에 매진했다는 사실은 구성원 모두가 알고 있는 일이었기에 그것은 내게 큰 보람이었다.

보람과 회한이 함께한 경북테크노파크

내가 경북TP에 부임한 다음 해인 2012년으로 기억한다. 전국 TP에서 간부직들의 부정 비리가 속속 드러나고 있었고, 이후에도 계속해서 부정적인 언론보도가 많았다. 우리 지역에서는 대구와 경북TP 모두에서 문제가 드러났다. 업무추진비 불법사용, 기업지원사업 과정에서의 비리, 연구과제 수행과정에서의 횡령·배임 등이 주를 이루었다. 또한 업무추진비 부당 사용 문제도 도마 위에 올랐다. 언론보도 이후 감사원과 산업통상자원부에서 현장 감사를 실시했고, 경상북도에서도 사업 주관 부서와 감사관실에서 감사를 실시하였다. 결국 많은 지적을 받았고 지역사회에서 TP라는 공공기관에 대한 신뢰가 무너질 정도로 분위기가 좋지 않았다.

경북TP의 경우 변화와 개혁이 요구되는 시기임에도 보여주기식 경영이라고 직원들 사이에서도 불만이 많았다. 더구나 급여를 포함한 여러 부분에서 개선 노력이 보이지 않아 직원들의 사기가 바닥에 있던 터라 원장에 대한 불신이 극에 달하던 터였다. 그렇지만 원장에 대해 직접 의견을 개진할 직원은 없었다. 조직 변화에 대한 이런저런 요구들이 있긴 했어도 메아리에 그쳤다.

각 시·도 TP에서의 부당한 업무처리에 대한 제재 방안의 하나로 산업통상자원부는 기업지원단 업무영역을 대폭 축소하는 내용의 변화를 꾀하고 있었다. 기업지원단은 외부 수탁사업 등을 하지 말고 TP와 기업간 네트워크를 구축하고 기업지원 사업에 대한 기획, 플랫폼 구축 등만을 담당해야 한다는 것이다. 조직 전체로 봤을 때 걱정이 아닐 수 없었다. 기업지원단의 수탁사업을 통해 직원 인건비, 운영비를 충당해온 터라 그렇게 되면 TP는 수탁사업을 하지 못하게 됨으로

써 경영에 막대한 타격을 입을 수밖에 없는 처지였다. 전국 TP에서 크게 고민하게 되었고, 경북TP 역시 걱정이었다.

산업부는 기업지원단의 수탁사업을 금지할 뿐, TP 내에 수탁사업을 추진할 별도 부서를 두는 것은 용인하겠다고 했다. '기업지원단 죽이기'란 이야기가 공공연히 나돌았다. 조직을 그런 시스템으로 가져가는 것도 쉬운 일은 아니었다. 이사회를 거쳐야 하고 감독기관인 경상북도의 의견을 들어야 했기 때문에 더욱 그랬다.

이 무렵 전국 18개 TP 기업지원단장이 서울 KIAT(*한국산업기술진흥원, 산업통상자원부 산하기관으로 TP업무 관장)에 모여 수차례 회의를 가졌다. 그리고 나는 그 모임에서 회장으로 선출되었다. 기업지원단이 지금까지 해 오던 일을 못하게 되면 TP의 위상으로 보나 기관의 경영상태 등에서 엄청난 마이너스 요인이 될 것이 명백하므로

TP 기업지원단장 모임 (2012년)

이를 제고해 달라는 요구를 하고, 대안을 마련하는 데 전력을 기울였다. 이 부분에서 전국 18개 TP 기업지원단장의 견해는 완전 일치하고 있었다. 몇 차례 논의를 거쳐 대안을 마련하여 KIAT를 거쳐 산업통상자원부에 제출하였다. 그런데 거의 동시에 산업부의 지침이 TP에 시달되어 버렸다. 전국 TP 기업지원단은 산업부가 지시한 업무만을 수행하도록 하라는 것이었다. 한 해 예산의 3분의 2를 산업부가 부담하고 있어 다른 방법이 없었다. 결국 TP 내에 수탁사업을 전담할 부서로 지역산업육성실을 두게 되었다.

기업지원단 3개팀 중 한 개 팀을 지역산업육성실로 보내고, 육성실 안에 1개 팀을 신설하는 조직개편을 단행하였다. 기업지원단의 업무 중 수탁사업과 기업지원사업을 지역산업육성실에 넘겨야 했다. 이후 TP는 조직 개편으로 인해 업무의 일관성을 유지하기도 힘들고, 대외적으로도 큰 어려움을 겪게 되었다. 기업지원단장으로서는 입지가 대단히 좁아지는 상황에 처했다. 허탈한 심정으로 업무에 대한 의욕이 상실되는 듯했다. 그리고 1년이 지날 무렵, 산업부가 다시 기업지원단 업무를 예전처럼 돌려놓으려 한다는 소문이 돌았다. 좀 더 일찍 그렇게 하지 못한 이유는 관계기관의 연구용역 결과를 반영하여 이를 바탕으로 산업부가 내린 조치여서 한번 정한 방침을 없었던 것으로 한다거나 하루 이틀 만에 원상태로 복구하기 어려웠다는 것이었다.

기업지원단의 업무가 예전대로 복구되어 정상을 되찾을 시기를 얼마 남겨놓지 않은 때 임기가 만료되었다. 안타까운 마음을 뒤로하고 애증이 교차했던 경북TP를 떠나게 되었다. 2013년 12월 말의 일이다. 임기를 마치고 경북TP를 떠나는데 허전한 마음을 금할 수 없었다. 별도 퇴임식은 없었다. 3년 임기 내내 조직을 위하는 일에 열정을 갖고 업무에 임했다고 생각했지만, 돌이켜보니 별로 드러내 보일 만한 것이 없었다. 후회만 남은 것 같았다. 변화와 혁신을 주장할 즈음, 좀 더 소통해야 했다는 아쉬움이 후회로 남는다. 특히 원장에 대해 설득과 대화 노력이 부족했던 것 같다.

다만 개인적으로는 30여 년의 공직을 마치고 TP라는 새로운 직장에서 남다른 좋은 경험을 한 것 같아 마음이 뿌듯했다. 특히 경북TP에서 조직에 대해 박사학위 논문을 완성한 것은 큰 수확이 아닐 수 없다. 전국 TP 직원들에 대한 근무 행태, 만족도 등을 조사 분석하여 학위논문을 완성하였으니 TP 근무 자체만으로도 많은 혜택을 받은 것이다. 또한 그간 많은 사람들, 특히 기업인들과 교분을 가질 수 있었던 것은 내게 큰 자산이 아닐 수 없다. 대구대학교 산학협력단에서 초빙교수로 일을 시작했을 때, 경북TP에서의 근무 경험과 그때 구축한 인적 네트워크가 업무 성과를 내는 데 큰 도움이 되었다. 현재 모임을 함께하는 멤버 다수가 이 시기에 교분을 가진 분들이다. 경북TP에서의 소중한 시간을 다시금 떠올려 본다.

대학 강단에서

산학협력 초빙교수 부임

경북TP 임기가 끝날 무렵 어느 날, 대구대학교에서 산학협력 교수를 모집하는 공고를 접하게 되었다. 주위 사람들도 그동안의 공직 경험과 TP 단장직을 수행한 경력이 교수 선발에 있어 좋은 평가를 받을 수 있을 것이고 강의에도 좋은 결과를 얻을 것이라고 했다. 순간 그것이 매력적인 일로 여겨져 응모를 결심했다. 제출할 서류를 만들고 산학협력에 관한 논문과 각종 자료를 검토하면서 면접에 대비하였다. 경북TP 입사 당시 면접 준비를 경험했던 덕분에 산학협력 교수 응모서류 작성과 면접을 준비하는 데 별 어려움은 없었다. 응시원서를 제출하고 얼마 후 1차 서류전형 합격통보를 받았다. 2차 면접 일정도 알려왔다. 면접은 오전, 오후 두 차례 있었다. 오전에는 산학협력단에서, 오후에는 대학전형위원회에서 면접을 치렀다. 오전의 산

대구대학교 본관

학협력단 면접은 질문이 많지 않은 데다 내용도 비교적 가벼웠다. 오후에는 부총장이 주재하는 전형위원회가 있었다. 부총장이 전형위원회 면접을 주재한 이유는 총장이 임명되지 않은 상태여서 부총장이 권한을 대행하는 시기이기 때문이라고 했다.

첫 질문부터 부총장이 주도하였다. 부총장은 "산학협력의 여러 가지 문제점이 있는데, 이에 대한 견해와 문제점은 무엇이라고 생각하느냐? 문제점에 대한 해결방안은 어떻게 말할 수 있겠느냐?"라고 하셨다.

나는 다음 두 가지를 말한 것으로 기억한다. 하나는 '대학이 기업의 입장에서 산학협력을 바라봐야 한다'는 것이고, 다른 하나는 '산학협력 교수의 열정이 관건'이라고 했다. 산학협력 교수를 잘 선발해야 함은 물론이고, 이들에 대한 처우도 중요함을 에둘러 표현했다. 2013

년 12월 말경 최종 합격통지서를 받았다. 대구대학교 교수가 될 것을 생각하니 감개가 무량했다. 경북TP 직원들도 대학교수로 간다는 사실을 알고 축하를 해 주었다.

그리고 이듬해 2014년 2월 27일자로 산학협력 초빙교수 발령을 받았다. 교수가 된 것이다. 2002년경 도청 농정과 사무관 시절, 대구 달서구에 있는 계명문화대학에서 외래교수로 5년간 강의를 해본 경험이 있긴 해도 강단에 선다는 사실이 믿기지 않았고, 어떻게 강의를 잘할 수 있을까? 걱정스런 마음도 들었다. 그러나 자긍심은 높아 있었다. 학교 측에서는 학내 사정으로 우선 초빙교수로 발령을 냈을 뿐

산학협력연구동

이고, 향후 산학협력 중점교원으로 발령을 내게 된다고 했다. 대구대학교 산학협력 중점교원 공채 제3기였다. 약 3개월이 지난 시점에 산학협력 중점교원이 되면 공적연금을 받는 교수는 연금지급이 정지된다는 사실을 알게 되었다. 나는 연금지급이 정지되는 교수는 사양하겠다고 했다. 난감한 일이 아닐 수 없었다. 다행히 학내 사정으로 임용이 늦어져서 그랬지만 합격과 동시에 발령이 났다면 초빙교수도 하지 못했을 것이다.

그해 8월로 접어들면서 제3기 교수에 대한 정식발령을 앞두고 있는데, 나 혼자만이 산학협력 중점교원 임용포기서를 제출하였다. 총 9명 중 나를 제외한 8명이 임기 2년의 산학협력 중점교수로 발령을 받았다. 나는 만 1년이 되는 2015년 2월 말까지 산학협력단에서 초빙교수로 재직할 수 있었다.

초빙교수 당시 주 6시간 강의한 '직업선택' 강좌는 교양필수 과목이었다. 때문에 자연과학대학에서부터 사범대학, 정보통신대학, 행정대학까지 다양한 학과의 학생들이 수강하였다. 소위 '만학도'라고 하는 40-50대 아저씨에서부터 대학에 갓 입학한 1, 2학년 새내기까지 함께하는 강의실은 만원을 이루었다. 매주 3개 반을 운영하려니 무엇보다 공부가 시급했다. 그들이 취업과 관련하여 궁금하게 생각하는 것들을 찾아내야 했고, 그들의 공통 관심 분야를 드러내어 함께 논의하는 것이 필요했다.

나는 참고서적뿐 아니라 유튜브 동영상을 수회에 걸쳐 시청하면서 필요한 장면을 찾아 학생들에게 보여주곤 했다. "직업과 진로-나를 알면 진로가 보인다", "당신은 지금 무엇을 쫓고 있습니까", "인생은 생각대로 간다" 등의 동영상은 학생들로부터 좋은 반응을 받은 자료로 기억한다. 특히 학생들은 미국 스티븐 코비 박사의 '성공하는 사람들의 7가지 습관'에 대한 동영상 강의에 깊은 관심을 가진 듯했다.

중간 과제물로는 학생들이 장차 직업으로 선택하고자 하는 부류의 해당 직장을 찾아 견문을 제출하도록 했다. 일반행정직 공무원은 시·군·구청, 교육행정직 공무원은 시·도 교육청, 공기업은 유사 공공기관을 직접 현장 답사하는 것이었다. 그리고 제출한 견문을 토대로 수업시간 중 가끔씩 질문을 하곤 했다.

'직업선택'이 교양 필수과목이어서 그런지, 한 개 반이 최고 90명에 달해 이들에 대한 학사정리 등 할 일이 많았다. 특히 중간, 기말고사를 치르고 과제물을 받아 채점하는 것은 나로서는 여간 힘든 일이 아니었다. 하지만 수업 후에 나는 학생들과 상담하는 시간을 따로 두고 조금이라도 학생들에게 도움이 되고자 노력했다.

강의하는 동안 직업인으로서의 공직자 이야기를 주로 했는데, 상담 요청자가 꽤 많았다. 산학협력연구동 4층에 연구실이 있어 학생들과 소통의 장을 마련했다. 그들과 상담하는 것은 의미 있는 일이었다. 무엇을 해야 할지 아직 정하지 않은 학생도 있고, 회사 취업을 희망한다는 학생도 있었다. 그런 학생에게는 공직이나 공공기관 취업에 도전할 것을 권했다. 공직을 원하지만, 경쟁률이 높아서 감히 도전할 엄두를 내지 못한다는 반응이 많았다. 그런 학생에게는 몇 가지 주문을 통해 자신감을 심어주려고 했다. 공무원시험 준비 중인 학생들에게는 그 방법을 알려 주었다.

또, 방학 기간에는 창업동아리 멘토를 자청하여 4명의 학생들과 방학 기간 내내 매주 한 차례씩 만나 창업에 관한 정보를 제공하고 공동의 관심사를 이야기하기도 하였다. 주로 경상북도창업지원센터 운영 사례를 설명하는 것으로 창업에 대한 강한 의지를 갖도록 독려하였다.

"가르치는 것은 배움이다."라는 말을 듣는 데 익숙해 있었는데, 그 이유를 그제야 알 것 같았다. 강의가 계속 이어지다 보니 나 스스로가 더 많은 것을 알려고 노력하게 되었다. 배움의 길은 끝이 없음을 다시금 확인한 시간이었다.

대학 가족기업과 함께하다

대구대학교 산학협력단에서는 경북, 대구를 비롯한 전국 1,000여 개 기업이 대구대학교와 가족기업 관계를 맺고 있었다. 이들 기업에 대해 산업군 별로 10여 개 분과를 두어 분과별 모임 등을 통해 산학협력을 실천하고 있었다.

산학협력단 교수가 산업군별 가족기업의 간사를 맡았는데 나는 식품/바이오산업분과 간사를 맡았다. 경북TP에서 기업지원 사업을 추진한 경험이 있어 누구보다 자신 있는 분야였고, 어느 분과이건 잘할 수 있을 것 같았다. 우선 가족기업 명단을 꼼꼼히 살피면서 알고 있는 기업체 중 가족기업으로 가입되지 않은 기업을 찾아내는 일을 하였다. 내가 잘 알고 있는 기업체 중 가입하지 않은 상당수 기업체를 찾아내었고, 이들 기업체를 직접 방문하여 취지를 설명하고 가입토록 하였다.

2014년 3월 이후 10여 개 기업을 대구대 가족기업으로 영입하였고, 이는 경북TP에서 여러 기업체와 맺은 인연들이 큰 도움이 되었다. 무엇보다 TP단장 재직기간 기업체와의 관계를 지속적으로 유지해 온 덕분이라 생각한다. 가족기업 신규 영입과 함께 분과회의도 대학 내에서뿐 아니라 도내 연구소, 산업현장을 찾아가며 생동감 있는 분과 활동에 전력을 기울였다.

안동시에 소재하는 경북바이오산업연구원과 SK백신공장이 소재하는 풍산산업단지 견학은 참가 기업들에게 좋은 이미지를 주기에

안동 바이오산업단지

충분했다. 경북바이오산업연구원 석현하 원장은 경북도청 근무 당시 동료직원으로 잘 아는 사이여서 연구원 견학을 하겠다고 하니 견학도 하고 대구대학교와 MOU도 맺었으면 좋겠다고 했다. 결국 MOU는 다음 기회에 맺기로 했는데 결국 그 약속을 지키지 못했다.

2014년도 1년간 가족기업 분과회의 간사를 맡던 중 산학협력 초빙교수직을 그만두면서 간사직도 타 교수한테 넘기게 되었다. 못내 아쉬웠다. 산학협력단 초빙교수 재직 기간 동안 몇 가지 방안을 제안했는데 별다른 답변을 듣지 못했다. 그때 제안한 내용의 요지는 "수익 창출이 기업의 목적이기 때문에 대학이 가족기업 제도를 운영하기 위해서는 기업에 도움이 되는 방안을 지속적으로 연구해야 한다."는 것이었다.

그 첫 번째 방안은 산학협력단이 공공기관 또는 국가, 지방자치단체에서 발주하는 과제 등을 체계적으로 정리하고 이를 가족기업에 알려주는 일을 대학이 앞장서서 추진하자는 것이었다. 두 번째 방안은 가족기업 CEO를 대상으로 포럼을 결성하여 분기 1회 정도 워크숍(세미나)을 개최하자는 것이었다. 그 행사에 경상북도지사, 경산·영천 시장을 강사로 초빙하고, 지방중소기업청장, 중소기업진흥공단 본부장 등 기업들이 관심을 가질 만한 기관의 장을 모시는 형식을 갖춘다면 더 많은 가족기업과의 연계 발전이 성공할 수 있을 듯했다. 가족기업과 대학은 어렵지만 좀 더 실질적인 지원을 통해 대학과 기업이 서로 상생할 수 있는 시스템을 마련하는 것이 절실해 보였다.

그래도 대학이 그렇게 많은 가족기업과 함께하고 있음을 생각하면 대단하다는 생각을 지울 수 없다.

행정대학 겸임교수

2015년 2월 말 초빙교수직 계약 기간 1년이 끝남과 동시에 3월부터 행정대학 행정학과에서 외래교수로 강의를 맡게 되었다. 과목은 행정학과 3, 4학년을 대상으로 하는 '환경행정론'과 '사회학'이었다. 환경행정론은 공직 재직시에 관련 업무를 해본 경험이 있어서 기본서를 몇 번 읽는 것으로도 충분했지만, 사회학은 다소 낯선 과목이었다. 우선 기본서와 관련 책을 구입하여 열심히 공부했다. 저명한 사회학 교수의 서적을 읽고 또 읽었다. 유튜브 동영상을 통해 강의도 들었다.

그때 자주 접했던 연세대학교 김호기 교수의 사회학 강의는 일품이었다. 에밀 뒤르케임의 '자살론', 막스 베버의 '프레테스탄트의 윤리와 자본주의정신', 미셸 푸코의 '감시와 처벌', 그리고 한 언론 매체에서의 '상처받은 이들을 위한 사회학' 강의 등 모두가 감명 깊었다. 그리고 환경행정론 강의에서는 '하나뿐인 지구 - 사막 난민 벼랑 끝에 서다', '원전과 생존, 후쿠시마를 가다', '레이첼 카슨의 침묵의 봄', '종자전쟁 이야기', '죄수의 딜레마' 등 다양한 내용의 강의를 통해 학생들과 공감대를 가졌다.

나는 강의를 준비하면서 그런 정도의 명강의는 할 수 없을지언정 조금이라도 근접한 강의를 해야 한다고 스스로 다짐하곤 했다. 그리고 강의를 통해 큰 보람을 느꼈다. 무엇보다 학생들에게 행정 경험을 말해줄 수 있을 뿐 아니라 공직에 대한 궁금증, 공무원이 되는 길 등을 소상히 설명해 줄 수 있어 좋았다. 그리고 학생들이 그런 내 이야기에 귀 기울여 주는 분위기여서 보람을 느꼈다.

2015년 1학기를 마쳤을 때는 행정학과에 겸임교수 자리가 있음을 알게 되었다. 원서를 내기로 했다. 어차피 대학에서 강의를 할 바에는 임기제인 겸임교수가 좋을 것 같았다. 임용신청서 서류가 많았다. 정성을 들여 서류를 작성하였다. 그리고 하계방학 중에 합격통보를 받았다.

2015년 9월 초부터는 겸임교수로서 행정학과 3, 4학년을 대상으로 '행정사례분석'과 '행정서비스와 실무' 등 두 과목을 매주 각 세 시간씩 맡았다. 30여 년간 행정현장에서 일했던 나로서는 가장 잘할 수 있는 분야였다. 기본서를 중심으로, 그러나 나만의 경험을 덧붙여 생동감 있는 지식과 정보를 전달하기 위해 노력하였다. 전직 공직자의 이야기가 소중하게 들렸던 걸까. 학생들의 반응도 좋았다. 그 어느 때, 어떤 일보다 큰 보람을 느낀 시기였다.

대구사이버대학교에서

대구대학교 행정학과 겸임교수를 마치는 때에 다시 대구사이버대학

행정학과에서 강의를 맡게 되었다. 사이버 대학교의 성격상 강의할 내용을 미리 영상으로 찍어 사이트에 올리고, 온라인으로 학생들과 소통하는 방식이었다. 내가 맡은 과목은 인적자원개발론, 평생교육방법론 등 평생교육사 자격 취득 관련 과목이 주류를 이루었다.

이때는 학기 시작 전 강의 내용 촬영이 힘들었다. 대학 내 영상실에 혼자 들어가 촬영한 강의 내용을 학생들에게 사이버상에서 보여주는 방식이어서, 전국에서 누가 듣는지 알 수 없었기 때문에 언어 표현에 신중을 기하느라 어려움이 많았다. 수업에 들어가 보니 나이가 50, 60세를 바라보는 수강생이 많았다. 수강생 일부는 전화를 걸어와 늦깎이 공부가 왜 이렇게 어렵느냐고도 했다. 일찍 시작하지 못해 후회스럽다는 수강생도 있었다. 2년간 사이버대학교 강의를 맡는 동안 총 세 과목을 촬영하였다. 과목당 일정액을 보수 형태로 받고 월별 강사료를 조금 받았다.

사이버대학교는 평생교육 차원에서 배움을 이어갈 수 있는 소중한 교육기관이다. 대학교육은 꿈과 희망을 갖게 하는 기회의 장이다. 김환식 시인은 그의 시 '기적'에서

> 끝일 것 같은
> 벼랑 끝에 서서
> 잠시
> 너를 생각했다.

벼랑 끝에 서고 싶어서가 아니라

그냥 밀려가다 보면

누구나 한 번쯤은

벼랑 끝에 설 수밖에 없는

참담함에 직면하게 되는 것이다

벼랑 끝에서

낭떠러지를 내려다보자

보이는 것은

길이 없다는 것

길이 있다면

더는 살아서는 갈 수 없는 곳이란 것

하지만, 잠시 심호흡을 하고 쳐다보면

한 순간 먹구름을 뚫고 솟아오른

너를 다시 만날 것이다

그리고, 다시

푸른 하늘 조각을 품게 될 것 이다.

※ 김환식 시집 〈버팀목〉 중에서

고 이야기한다. 우리 동시대인들에게 들려주는 간절한 바람으로 읽힌다.

부동산중개업 & 행정사 개업

대구지하철 2호선 경산 임당역 5번 출구 앞 기업은행 건물 1층에서 '드림공인중개사'라는 간판을 걸고 부동산중개업을 하고 있다. 개업을 한 지도 어언 3년이 되었다. 대구대학교 교수직(초빙. 겸임)을 마치고 대구중앙도서관을 다니던 시절, 무엇을 해야 할까를 생각하는데 할 일이 마땅치 않았다. 등산용 가방에 책을 두 권쯤 넣고 지하철을 이용하며 도서관을 찾았던 그 시절, 도서와 신문, 잡지를 보이는 족족 읽으며 2년의 세월을 보내고 있었다. 그때, 대학 선배이신 배수진 교수께서 "후배가 부동산중개업을 하는데 한번 가볼 생각이 있느냐?"고 했다. 선배와 함께 그 후배를 찾은 것이 지금 내가 부동산중개업을 하게 된 계기가 되었다.

"부시장까지 지낸 자네가 무슨 돈을 또 벌겠다고 그 일을 시작했느

냐?"고 묻는 사람부터 "할 일이 있어 참 좋겠다."며 부러움을 표하는 사람까지 반응이 다양했다. 두 가지 견해가 다 맞을 수 있다. 나는 부동산중개업이 할 만한 직업이라는 생각을 갖고 있다. 적어도 우리는 부동산을 잊고 살아갈 수 없다. 내가 살고 있는 집이 부동산이고, 부모로부터 물려받은 토지가 부동산이다. 사업가도 토지, 건물 등 부동산을 생각하지 않고 할 수가 없다. 부동산중개업은 수많은 사람과 상호작용하며 세상의 움직임을 이해하고 시대 상황을 알 수 있는 업종이다. 무엇보다 내가 재미있어서 하는 일임을 최고의 가치로 여긴다.

또, 부동산 중개는 협업이라는 것이 있다. 타 중개사와의 협업이다. 매도인이 원하는 요건을 갖추기가 어렵고, 매수인이 원하는 물건을 내가 모두 갖추기도 어렵다. 협업이 필요하다. 매도인이든 매수인이든 고객이 있으면 되는 것이다. 매수인이 있으면 매수하고자 하는 물건을 일단 특정하고, 타 중개업소에서 보유하고 있는 물건을 찾는 것이다. 거의 대다수 중개사는 공동중개를 허락한다. 매도인의 경우도 같은 이치이다. 매도 물건을 타 중개업소에서 찾는 경우가 많다. 물건을 접수하면 네이버 등 SNS에 먼저 알리기 때문이다.

부동산중개업은 인간 심리를 살필 줄 아는 능력이 필요함을 이제사 조금 알 것 같다. 인간 심리세계는 복잡 미묘하여 계약 직전에 무산되는 경우도 있다. 매도인이 그럴 수도 있고 매수인이 그럴 수도 있다. 또, 중개보수에 관해 줄다리기를 할 때가 있다. 법정 보수를 제시함에도 막무가내식으로 보수가 많다는 이도 있다. 중개보수가 법으로 정한 상한선에서 중개인과 협의해서 정할 수 있음을 아는 고객이다. 계약 성사를 위해 중개보수를 상당 부분 낮춰주는 경우가 종종 있다. 괜찮은 일이라고 생각한다. 계약 성사로까지 가기에는 수많은 경우의 수가 있음을 알기 때문이다.

나는 매일 아침 여덟 시를 전후하여 출근을 한다. 헬스장을 다녀와 간단한 아침식사를 마치면 곧장 사무실로 향한다. 사무실은 나만의 자유로운 공간이자 세상과 소통하는 장소이다. 여기서 업무도 보고, 책도 읽고, 사람도 만난다. 지하철 임당역이 곁에 있어 대구시내를 가는 데도 불편함이 없다.

　중개업을 시작한 이래 중개업체들과 많은 교분도 쌓고 있다. 천차만별의 중개업소가 있다. 가히 다양성의 끝판왕이다. 그들과의 소통은 업계에서 대단히 중요한 부분을 차지한다. 함께해야 하기 때문이다. 부동산중개업은 특별히 신뢰가 중요하다. 나는 고객에게 믿음을 주는 것을 금과옥조로 여긴다. 표정, 행동, 말 한마디에도 신경을 쓰는 편이다. 믿지 못하면 아무리 그럴싸한 물건이라도 고객은 돌아서고 말기 때문이다. 당연한 이치다.

　얼마 전엔 서울에 사는 노부부가 찾아왔다. 아파트 전세를 구한다고 했다. 폭염이 절정에 달한 그날 오후, 아파트 몇 곳을 보여드렸다.

마음에 들지 않는다고 했다. 그리고 그날은 헤어졌다. 그런데 어느 부동산에서 연락이 왔다. 서울에 산다는 노부부가 사무실에 왔는데 전세 아파트를 보여달라고 하며, 다만 계약은 임당역 앞 드림부동산과 함께 할 수 있겠느냐고 하더라는 것이다. 그렇게 하겠다고 했고, 그래서 공동계약을 하게 되었다. 그 이후 내 사무실을 찾은 그분들은 "낯선 이곳에서 맨 처음 찾았던 부동산이 여기였다. 당신이 너무 친절하고 믿음을 주었기에 타 부동산에 가서 그렇게 말했다."고 했다. 이런 분들도 있구나를 생각하며 더욱 믿음을 주는 나로 다시 태어나야겠다는 다짐을 새롭게 했다.

부동산중개업을 시작하고 몇 달이 지난 시점에 행정사를 개업하였다. 농업진흥지역 해제 건에 대해 컨설팅을 했고, 식약청과 관련하여 KF94 마스크 제조업과 품목허가 업무를 수임하였다. 징계받은 공직자의 소청과 행정심판업무를 맡아 처리한 경우도 있다. 이런 일들은 모두 행정사의 업무 영역이다. 공직의 경험을 살려 행정기관을 대상으로 일을 처리할 수 있다는 것은 보람 있는 일이다.

손가락으로
바위를 뚫어라

5

지금 순간을 행복하게

행복의 원천인 나의 가족 194
대구에서의 기억들 199
지금 더 행복해지자 208

행복의 원천인 나의 가족

사랑하는 아내와 두 딸

1983년 경주 안강의 신혼 단칸방에서 오늘 대구의 아파트까지, 우리는 수많은 이사를 했다. 일일이 다 열거할 순 없지만, 그때마다 낯설고 삭막한 그곳에서 아이들을 키우느라 아내의 고생이 특히 많았다. 누구 하나 의지할 곳조차 없이 홀로 고향을 떠나와 있던 나를 믿고 온갖 어려움을 참아내며 지난날을 함께해 준 아내에게 한없는 고마움을 전한다.

두 딸 중 큰딸은 공직자로서 직장생활에 전념하고 있다. 그 모습을 떠올릴 때면 가슴 뿌듯함을 숨길 수 없다.

큰딸이 초등학교, 중학교를 다니던 10여 년 동안은 대구 동구 신암동을 떠나지 않았다. 큰딸이 초등학교 시절 어느 겨울날, 수십 년 만에 별똥별이 지구로 떨어진다고 해서 그 모습을 보기 위해 아파트 옆

금호강 변으로 차를 타고 나가 컵라면을 먹으며 함께 새벽을 맞이한 적이 있다. 또, 눈이 엄청나게 많이 내린 한 해 겨울에는 신암동 아파트 앞에서 아이들과 눈싸움을 했던 기억도 있다. 복현동 시절에는 큰딸이 오봉산 자락 언덕에 위치한 고등학교에 진학함으로써 밤 열두 시가 가까워 데리러 간 기억들이 추억으로 다가온다.

둘째 딸은 로스쿨 입학을 준비하면서 온갖 어려움이 있었지만 모든 것을 극복하고 스스로 정한 꿈을 이루었다. 수도권 대학의 우수한 인재들에 비해 지방 대학을 나온 것을 두고 고민이 많았던 것 같다. 하지만 지금은 그런 날들을 이겨내고 자신의 길을 잘 가고 있다. 앞으로 자기가 원하는 모습의 변호사로서 스스로의 앞길을 활짝 열어가길 소망한다.

가족과 함께 (2016년)

요즈음은 새로운 식구, 사위가 있어 든든하다. 아들 같아서 좋고 매사에 적극적이고 친화력이 있어 좋다. 돌을 지난 쌍둥이 외손자! 하늘이 주신 참으로 귀한 선물이다. 눈에 넣어도 아프지 않을 만큼 사랑스럽다는 말을 실감한다. 자랑스럽고 고마운 식구들, 소중한 혈육이 있어 감사하다. 너무 욕심내지 말고 현재 상태를 유지하면서 오순도순 살아가길 희망한다.

행복이란 다른 데 있는 것이 아니라 나의 마음속에 있다는 생각을 다시 해본다. 실제 살아보니 그런 것도 같다. 돈과 권력이 좋을지언정 가정이 화목하지 못하고 가족 모두가 건강하지 않으면 모든 것이 공염불이 되고 만다. 나는 사는 동안 그런 일을 무수히 보아왔다. "욕심내지 말고 주어진 여건에서 최선을 다하는 마음 자세"를 견지해야 건강을 지킬 수 있고, 또한 그것이 가정의 화목을 지키는 최선의 길임을 확신하고 있다.

쌍둥이 외손자

좋은 남편, 자상한 아버지가 되자

그 언젠가 한 리더십 센터가 주관하는 리더십 교육에 참가한 적이 있다. 그때, 강사(대구대 교수)가 들려준 내용 중 생각나는 게 있다. 인간이 생을 마감한 후 가족을 포함한 주위 사람들로부터 어떤 평가를 받길 원하는지를 생각해 보라는 것이었다. 의미 있는 메시지라고 생각했다. 굳이 가족이 아니더라도 친구나 주변 사람들에게 어떤 모습으로 기억되는 게 좋을까를 생각하지 않을 수 없다. 그래서 다짐하곤 한다. 죽음 이후 아내에게 좋은 남편이었다는 이야기를 듣고 싶은 것이다.

 일상에서 아내 의견을 묻고, 관심사를 논의하고, 언제나 말동무가 되어주는 좋은 반려자가 되어야겠다는 다짐을 해본다. 두 딸에게는 자상한 아버지로 기억되고 싶다. 그들에게는 자상함이 전제되어야 대화를 하고 싶을 테고 애로사항을 말할 수 있을 것이며, 중요한 일들에 대해 의논 상대로 삼고자 할 것이기 때문이다. 의도적이라기보다는 그런 가운데 두 딸과의 친밀감을 더욱 돈독히 하게 되고, 그들과 신뢰 관계를 잘 유지할 수 있을 것이다. 이제 나는 자랑스러운 남편과 아버지가 되려고 다짐하고 또 다짐한다. 좋은 남편, 좋은 아버지로 기억되도록 최선을 다하고자 한다.

대구에서의 기억들

　1987년 봄, 경북도청 발령으로 보금자리를 포항에서 대구로 옮겼다. 1년 전 경상북도가 주관하는 공무원 소양고사를 치렀고, 그 결과 성적우수자로 선정되어 도청 전입 발령을 받게 된 것이었다. 오랜 기간 그렇게도 염원했던 도청 발령이 이뤄지고 보니 세상 모든 것을 얻은 기분이었다. 뭘 해도 잘할 수 있겠다는 자신감으로 가슴은 뛰고 있었다. 수성구 중동에 살고 계신 처 이모님의 도움으로 수성구 상동(지금 들안길)의 주택 2층으로 이사를 하였다.

　당시 수성구 상동 일대는 2층 주택들이 많았고, 집 주변 곳곳에 시금치며 채소를 재배하는 곳이 있었다. 상동전화국 입구에서 집으로 향하는 길은 도로 형태는 갖추었지만 비포장 상태여서 비가 오는 날이면 다니기가 불편할 정도였다. 지금이야 상상도 할 수 없겠지만, 그때만 해도 그곳은 아직 정비가 덜된 변두리였다. 다만, 당시 근무

수성구 상동 들안길

지인 농촌진흥원까지 다니는 통근버스가 있었다. 상동전화국 앞에서 통근버스를 타면 사무실까지 한 시간 정도 걸렸다. 출근 시간이면 상동전화국 앞에는 도청 직원들이 많았다.

우리 보금자리에서 멀지 않은 곳에 수성못이 있어 아침 일찍 못 둑을 걸을 때도 많았다. 그곳은 이제 '먹자골목'이라는 이름으로 온갖 음식점과 카페, 노래방들이 즐비하여 대구의 먹거리를 자랑하는 곳으로 변하였다. 거의 유흥가 수준으로 변모해 있다.

대구로 온 지 얼마 되지 않아 큰딸이 태어났다. 큰딸을 안고 수성못 오리배를 탔던 기억이 좋은 추억으로 다가온다. 결혼 후 4년이란 긴 시간이 흐른 뒤였다. 아버지 어머니는 왜 아기가 안 생기느냐고

수성구 상동, 큰딸 (1989년)

걱정이 많으셨다. 고향에 들르는 날이면 꼭 물으시곤 했다. 그런데 아버지는 큰딸이 태어나기 2년 전에 돌아가셨다. 그렇게 손주를 기다리셨는데 보시지 못했다.

큰딸은 귀하게 태어났다. 아내가 읍사무소 근무 당시 사표를 낸 것도 큰딸을 임신한 뒤 입덧을 심하게 했기 때문이다. 아내가 직장을 다니면서 입덧으로 힘든 것보다는 산모가 건강을 유지하면서 자식을 건강하게 낳는 것이 무엇보다 소중하다는 생각을 했었다. 남구 봉덕시장이 가까워서 시장에 들러 이유식을 사오곤 했다. 뭐든지 잘 먹어주는 딸은 그때 습성을 지금도 가지고 있는 것 같다. 우리 부부의 귀여움을 독차지하며 그렇게 잘 자라주었다. 걷기 시작한 뒤에는 집 근처 어린이집에 다녔다.

집주인 김○○ 부부와는 친척 이상으로 잘 지냈다. 그는 대구축협에서 가축사료를 운반하는 사업자였던 것 같다. 돈도 많다던 집주인은 건강에 이상이 생겨 일찍 저세상으로 떠났다. 안타까운 일이었다.

3년여 기간의 상동 생활을 끝내고 황금동 공무원 임대주택에 입주하였다. 임대주택은 15평 규모로 도청 직원들이 꽤 많이 살고 있었다. 비록 낡은 아파트였지만 우리 식구만의 보금자리를 마련했다는 게 기분 좋은 일이었다. 우리집은 5층짜리 아파트의 5층에 있었다. 여름이면 더위로 고생을 했고, 겨울에는 추위로 힘들었다. 연료로 연탄을 사용했으니 열악한 환경을 이루 다 표현할 수 없을 정도였다.

그런 상황에서 무더위가 극성을 부리던 1992년 8월 여름날, 둘째가 태어났다. 황금동 아파트는 둘째가 태어나는 기쁜 일도 있었지만, 우리집에 불이 나는 아픈 기억도 있는 곳이다. 당시 나는 도청 상정과에 근무하고 있었다. 그날은 전국기능대회가 개최되는 날이라 전남 광주에 출장을 가 있었다. 화재 소식을 접하고는 부랴부랴 집으로 향했다. 광주 형님께 말씀드렸더니 그러면 대구에 같이 가자고 했다. 혹여 즉석에서 집수리가 필요할 경우, 형님이 직접 하겠다고 하셨다. 형님 차를 타고 온 덕분에 조금이라도 더 빨리 대구로 돌아올 수 있었다. 하지만 대구로 돌아오는 중에도 아내와 아이들이 걱정이었다. 계속 연락을 취하면서 왔지만, 처음에는 아내가 어디 있는지 확인이 안 된다고 했다. 대구까지 오는 세 시간 남짓한 시간이 삼백 시간, 아니 삼십 년인 듯, 너무나도 멀게 느껴졌다. 어떻게 대처해야 할지 가늠조차 할 수 없었다. 다행히 형님께서 곁에 함께 있어 마음의 위안이 되었다.

수성구 황금동 아파트 단지

집으로 돌아오니 다행히 식구들은 모두 무사했다. 공무원연금공단을 통해 집수리 절차를 알아보고 임시 거처를 제공받는 등 신속히 대처하면서 화재사고를 수습하느라 힘겨운 날들을 보냈다. 화재 현장에 맨 먼저 달려와 도움을 준 상정과 허○○ 계장님의 고마움을 잊을 수 없다. 2015년 결혼식장에서 잠깐 뵙고 마음속으로부터 우러나는 감사의 인사를 드렸다.

3년여의 황금동 시절을 뒤로하고 동구 신암동으로 이사를 했다. 26평짜리 5층 아파트였고, 딸들 또래 아이들이 많이 있었다. 그런대로 이웃과 잘 어울리며 지냈다. 그 시절 고락을 함께했던 많은 이웃이 있어 신암동 시절은 더욱 의미 있는 시기로 기억된다. 초기 신암동 시절 나는 6급으로 상정과를 거쳐 기획담당관실 기획계에서 일하고 있었다. 해야 할 일들이 많은 부서여서 자정이 가까워야 퇴근을 하는 경우가 많았으며, 때론 사무실에서 일하며 날이 밝은 적도 있었다. 밤을 새워가며 일을 했던 기억이 지금도 생생하다. 그런데 지금은 그런 순간들을 멀리한 채 공직에서 은퇴하였다. 잘 믿기지를 않는다.

1994년 5월 내무부 지방행정연수원 중견간부양성반 교육도 이곳 신암동 아파트 시절에 있었던 일이다. 이후 국무총리실 파견근무를 마치고 도청에 복귀할 때도 이곳이었다. 신암동 아파트는 집 앞 도로변에 동구청이 있고, 새마을 오거리 주변에는 병원이며 상가들이 즐비한 곳이었다. 특히 재래시장격인 전통시장이 있어 생활하는 데 불편이 없었다.

10여 년 간의 신암동 시대를 마치고 2001년 봄, 복현동 생활이 시

동구 신암보성2차아파트

북구 복현2동 화성타운

작되었다. 지금 코스트코 맞은편에 있던 아파트였다. 그 옛날 배자못이 있던 자리에 들어선 아파트 인근에는 대구유통단지, 전시컨벤션센터, 인터불고 호텔 등이 입지하고 있었다. 제법 사람들의 왕래가 잦은 곳으로 변해가는 시기여서 대중교통이 비교적 원활했다. 승용차로 10여 분을 가면 대구 시내에 다다를 수 있을 정도로 접근성이 괜찮았다. 무엇보다 도청이 가까워서 직장에 출퇴근하기가 편했다.

또, 복현동은 두 딸이 학창시절 대부분을 보낸 뜻깊은 곳이기도 하다. 그동안의 생활에 견주어 볼 때 가장 좋은 여건이었던 것 같다.

2006년 서기관 승진과 고급리더과정 교육 입교, 상주시 부시장 발령 등이 복현동 시절에 있었던 일들이다. 당시 좋은 이웃으로 왕래하며 살았던 한 분이 큰딸이 다니던 고등학교 교장 선생님이셨다. 큰딸의 학교생활과 대학 진학을 앞두고 좋은 말씀을 해 주신 기억이 새롭다.

　경북TP 입사로 2011년 1월부터는 경산으로 출퇴근을 하게 되었다. 경북TP는 경산 영남대학교 내에 있었다. 복현동 집에서 한 시간이 걸리는, 제법 먼 거리였다. 조금이라도 직장 가까운 곳에 살아야 했다. 결국 지금 살고 있는 곳으로 새로운 보금자리를 정하게 되었다. 집 뒤쪽 상가지구엔 롯데아울렛을 비롯한 다양한 상권이 형성되어 있고, 멀지 않은 곳에 '박주영축구장'과 대규모 잔디공원이 있을 뿐만 아니라 교통망도 잘 되어 있다. 지하철과 버스를 쉽게 이용할 수 있어 좋다. 지금 보금자리는 우리 가족에게 최상의 안식처임을 자랑으로 여기며 행복한 시간을 보내고 있다.

　지금에 와서 생각해 보니 이 정도 집을 마련할 수 있었다는 게 무척 다행이었다 싶고, 또 자랑스러울 따름이다. 단칸 셋방 사글세에서 단독주택 전세, 15평 임대 아파트, 26평 아파트 등 그동안 우리 가족이 살아왔던 보금자리 변화를 되짚어볼 때 엄청난 발전이 아닐

동구 율하 휴먼시아 12단지

수 없다.

여기까지 올 수 있었던 것은 모두가 아내의 피나는 노력 덕택임을 잘 알고 있다. 그동안 무수히 많은 어려운 순간들을 견뎌내며 알뜰히 살림살이를 도맡아 왔는데도 불구하고 나는 불평·불만을 늘어놓을 때가 많았다. 나의 지난날이 한없이 부끄럽게 느껴진다. 이 기회에 다시 한번 아내에게 미안함과 감사의 말을 전한다.

지금 더 행복해지자

모든 사람은 성공을 원하고 행복하게 살고자 한다. 어느 정도에 이를 때 성공과 행복을 말할 수 있을까? 사람마다 다를 수 있겠지만 극히 예외적인 경우를 제외하고는 스스로가 이를 단정 지어 말하기는 쉽지 않은 듯하다. 어마어마한 부를 축적한 사람은 더 많은 부를 가지기 위해 노력한다. 높은 권좌에 앉은 사람은 더 높은 자리에 가기를 원하고, 또 오랜 기간 그 자리를 지키기 위해 안간힘을 쓴다. 우리보다 앞서 살다간 사람들을 통해 알 수 있다.

그렇다면 스스로 성공했다고 말할 수 있는 상태란 어떤 것일까? 나의 지난날을 되돌아보니 항상 부족함으로 가득했던 듯하다. 평생을 공직에 몸담고 있으면서 남들보다 더 열심히 일하고 그래서 다른 직원들이 가고 싶어 하는 자리에 일찍 가고, 더 일찍 승진해야 한다는 생각으로 임했던 것 같다. 그 자체로 부끄러운 생각이 든다. 다만 언제부터인가, 열심히 일하면 승진은 저절로 따라온다는 생각을 했었다. 마음먹기에 달렸다는 생각을 했다. 암튼 그런 기분을 느끼면서 일했다.

그 시기는 6급으로서 사무관 승진을 기대하는 때였다. 나는 휴일도 잊은 채 매일 밤낮을 모르고 일했다. 밤 열두 시 전후가 되어 퇴근하는 일이 반복되었다. 그리고 어느 날엔 일을 마치지 못했는데 밖을 보니 날이 새고 있었다. 그래도 흔히들 말하는 '힘들어서 못 해 먹겠다.'는 생각은 하지 않았다. 어쩌면 그런 나의 태도가 사무관, 서기관 승진하는 데나 부시장직에 오르는 데 도움이 되었을지도 모르겠다.

그러고 보면 성공이란 것은 매 순간 행복하다는 마음을 어떻게 갖느냐에 달린 것 같다. 우리는 흔히 지금의 일상이나 감정보다 지나간 일을 이야기하곤 한다. 나도 예외가 아니다. 하지만 지나간 일을 갖고 대화를 하고 나면 가끔은 후회가 생긴다. 과거는 그냥 지나간 일일 뿐, 지금 순간을 살아야 하는 우리에게 힘이 되지 못한다. 미래 역시 마찬가지다. 원대한 꿈과 희망을 실현하기 위해 매진해야겠지만 거기에만 지나치게 집중하다 보면 소중한 삶의 여정을 모험으로 끝낼 수도 있다. 미래의 행복이라든가 성취감, 자기 만족을 너무 의식한 나머지 현재의 일상을 직시하지 못할 수도 있기 때문이다. 과거와 미래가 아닌 지금에 집중하는 삶이야말로 진정한 행복과 성공을 이루는 지름길이라 생각한다.

지식생태학자 유영만 교수는 그의 저서 《곡선이 이긴다》에서 "행복은 목적지에 존재하는 것이 아니라 목적지로 가는 수많은 간이역에 존재한다."고 한다. 목적지로 가는 수많은 간이역을 너무 빨리 지나가기 때문에 행복을 느낄 시간적 여유가 없다는 것이다.

용혜원 시인이 들려주는 시 '행복을 느낄 수 있다는 것은'이 생각난다.

삶이란
바다에 잔잔한 파도가
치고 있다는 것이다

사랑하는 사람과 함께할 수 있어
낭만이 흐르고
음악이 흐르는 곳에서
서로의 눈빛을 나누며
함께 커피를 마실 수 있고

- 중략 -

행복을 느낄 수 있다는 것은
보이지 않는 삶의 울타리 안에
평안함이 가득하다는 것이다

삶이란
들판에 가슴을 잔잔히 흔들어 놓는
바람이 불고 있다는 것이다

※ 용혜원 시집 〈함께 있으면 좋은 사람〉 중에서

6

꿈을 이루려면

목표를 설정하라 212
끊임없이 책을 읽어라 216
대인관계를 중시하라 223
마음껏 상상하라 228

목표를 설정하라

목표는 왜 필요한가

　인생을 살면서 목표 없이 사는 사람은 드물 것이다. 누구나 크고 작은 목표를 갖고 살아간다. 그저 목표를 정하는 데 의미를 두는 경우에서부터 구체적인 내용을 갖고 실천하려는 경우까지 다양하다. 목표 없이 사는 삶은 목적지 없이 항해하는 선박과 같은 것이다. 인생에 있어 목표는 당연히 변할 수 있다. 하나의 목표가 달성되면 더 큰 목표를 향하게 된다. 목표가 없다면 그저 주어진 여건에서 일상을 살아가는 정도일 것이다. 바람직한 큰일을 이뤄내기가 쉽지 않을 것이다. 그것이 보통 사람들의 패턴이다.

　나 또한 어렸을 때는 뚜렷한 목표를 갖지 못했다. 그러다가 중학교에 다니면서부터 고위공직자가 되겠다는 목표를 가졌다. 목표달성으로 밝은 미래를 담보할 수 있고, 국가와 지역사회에 기여하는 길이라고 믿었다. 세월이 지나면서 좀 더 구체적인 목표가 생겼다. 공직자로서 운전기사가 있는 차를 타고 나의 의지에 따라 국가 주요 정책을 논하는 일을 해보고 싶은 밑그림을 그렸었다. 온전한 목표달성은 아니더라도 상주시 부시장직을 수행할 수 있었던 것은 어쩌면 그때 그 목표를 설정해 두었기 때문인지도 모른다.

대학에서 강의를 할 때인데 교수님 한 분이 이런 이야기를 들려주었다. 자신의 강의를 듣던 한 학생이 "교수님, 저는 사법시험에 합격하여 법조인이 되고 싶은데 가능성이 있겠습니까?", "어떻게 해야 법조인의 꿈을 이룰 수 있겠습니까?"라고 물었다고 한다. 이에 교수님은 "그래, 넌 충분히 사법시험에 합격할 수가 있다. 그러기 위해서는 지금부터 준비하되, 10년 후 법조인이 되겠다는 각오를 하고, 책상 앞에 '10년 후 사법시험 합격'이라는 플래카드를 걸어 두고 공부에 매진해라."라고 대답했고, 그로부터 정확히 10년이 되는 해에 그 학생이 사법시험에 합격했다며 찾아왔더라는 것이다. 그 기간 안에 군대도 갔다 오고 말이다. 교수님 말씀을 들은 그 학생은 책상 앞에 '나는 10년 후 사법시험에 합격한다.'라는 문구를 걸어 두고 열심히 공부해서 자신의 목표를 이룬 것이었다.

놀라운 일이 아닐 수 없었다. 목표를 정하고 이를 달성하기 위해 끊임없이 노력하면 이루지 못할 것이 없다는 생각을 다시금 확인하게 되었다.

목표는 어떻게 정하나

목표는 혼자서 정하는 것보다 주변 사람들의 도움을 받는 게 중요하다. 그럼 누구에게 조언을 구하면 좋을까? 청소년기에는 부모님과 상의해서 정하는 것이 첫 번째이다. 부모님은 출생에서부터 성장기까지를 지켜보면서 나를 가장 잘 알고 있는 분이다. 나의 소질, 성격, 행동, 좋아하는 일 등을 다 알고 계시기에 목표 설정은 부모님과 상의하는 게 좋다. 그 다음은 학교 선생님이다. 선생님은 학교생활에서 드러난 나의 특징, 행동과 친구 관계를 꾸준히 지켜보셨기 때문이다. 또 다른 하나는 성공한 선배의 조언을 구하는 것이다. 그리고 가장 가까운 친구와 대화를 통해서도 목표를 정하는 데 도움을 얻을 수가 있다.

목표는 인생 전체를 좌우할 만큼 큰 목표를 정하는 것이 우선이다. 주변인들의 나에 대한 의견을 반영하는 것도 중요하다. 그래야 목표 달성 과정에서 포기하지 않게 된다. 또, 큰 목표를 달성하기 위해서는 좀 더 구체적인 목표가 필요하다. 대학은 어느 대학 어느 학과를 갈 것인가? 무엇을 집중적으로 공부해야 큰 목표를 달성할 수 있을까? 등등 세부 전공 분야를 이때 정하는 것이 좋다. 물론 가정여건을 고려하여 정하는 것도 필요할 것이다.

다음은 연간, 월간, 일일 계획을 수립하는 일이다. 목표 달성을 위해 아무리 야무진 계획을 수립해도 반드시 그렇게 되지만은 않는 경우가 많다. 그렇지만 그건 중요한 게 아니다. 큰 목표와 중간 목표, 그리고 세부 계획을 가진다면 큰 목표 달성을 위한 작업은 끝이 난 것이다. 이미 절반의 목표는 달성한 것으로 볼 수 있다.

나는 6급 공무원 당시 국가연수 기관에서 연수를 받을 때에 미래 설계를 하고 구체적인 계획을 작성하는 시간을 가졌다. 그때 나는 고위공직자가 되겠다는 목표를 일정 부분 수정하였다. 고시에 합격하지 못한 상태여서 큰 꿈을 실현하기 어려웠다는 생각을 했다. 앞으로 어떻게 하면 큰 목표에 근접할 수 있을까를 생각하면서 향후 달성하고자 하는 목표를 정했다. 그 수정 목표는 연수를 마치고 직무에 복귀해서 3년 후 사무관이 되고, 그 후 10년 이내에 서기관이 되겠다는 것이었다. 지금 돌이켜보니 거의 정확하다 싶을 만큼 목표를 달성하였다.

그렇다면 목표는 언제 설정해야 할까? 재론할 필요도 없이 바로 '지금'이다. 지나온 삶은 참고만 할 뿐, 바로 지금 목표를 설정하는 것이다. 늦었다고 말할 때가 가장 이르다고 하지 않는가. 이것은 누구에게나 적용되는 이치이다. 우리는 죽는 날까지 목표를 갖고 살아야 한다. 10대에서부터 70, 80, 90대에도 목표가 있어야 한다. 그래야 우리의 삶이 헛되지 않을 수 있다. 목표를 설정하고 이를 실행하는 데 전력을 기울인다면 누구나 바라는 꿈을 이룰 수가 있다.

끊임없이 책을 읽어라

책을 읽는다는 것

　동양 철학자 최진석 교수는 "책을 읽는다는 것은 자기한테 있는 원래 마음을 되찾는 것"이라고 한다. 이 말에 따르면 독서는 '자기를 찾는 것'이다. 이것은 어려운 말일 수도 있다. 하지만 책을 읽다 보면 이 말이 무슨 뜻인지 알게 된다. 관심 있는 책부터 한 권씩 읽어보자.

　독서는 습관을 들이는 게 중요하다. 습관을 들이기 위해서는 우선 재미있고 흥미를 느끼는 책을 고르는 게 좋다. 서로 다른 종류의 책을 손이 닿기 쉬운 곳에 놔두고, 틈나는 대로 읽어보자. 그러면 독서를 통해 내가 모르던 그 무엇을 알게 된다. 그것은 중요한 일이다.

　책을 많이 읽고 글을 쓰는 사람 중에는 그것이 직업인 사람도 있고, 생존 그 자체를 위해서 그래야만 하는 사람도 있다. 그런 경우가 아닌 일반인의 독서는 책을 즐겁게, 그냥 읽으면 된다. 목적을 정해

놓고 책을 읽는 것은 지속하기가 쉽지 않다. 우선 독서 습관부터 들이자. 독서를 통해서 생각의 범위를 넓혀나가고 안목을 키울 수 있다.

독서는 저자와의 대화이다. 어떤 저자는 책을 쓰면서 온전히 자기가 경험하고 연구한 내용만 쓴다고 하겠지만, 그마저도 이전에 누군가가 쓴 책을 읽고, 그 속에서 저자의 사상이나 생각을 참고하고, 거기에 자신의 생각을 덧붙인 결과물이 글이 되어 나오는 것이다.

그런 점에서 보면 모든 책은 상호 연결되어 있다고 볼 수 있다. 항상 거론되는 공통 요소가 있게 마련이다. 어떤 이는 이것을 '지식의 거름망'이라고 한다. 책을 많이 읽는다는 것은 다양한 지식의 축적을 통해 한 인생의 나아갈 길을 설정하는 일이기도 하고, 그것이 또 평생 직업으로 이어지는 계기가 될 수도 있는 것이다.

서울 삼성동 별마당도서관

나는 대학 강단에서 떠나 집에서 쉬는 동안 할 일을 찾던 중 대구중앙도서관을 찾았다. 운동화에 배낭 차림으로 매일 아침 지하철을 이용하여 도서관으로 출·퇴근을 하였다. 그 기간이 무려 2년간이었다. 직장이 없는 터라 무엇이든 해야만 했다. 도서관에 자리를 잡고 신문과 잡지를 모조리 읽고, 동시에 책을 읽었다. 자기계발서와 경제 분야, 인문학 등 생각나는 대로 읽었고 세계사와 고전도 즐겨 읽었다. 점심은 도서관 지하 구내식당에서 해결했다. 구내식당 음식은 가격이 저렴해서 좋았고, 맛도 있었다. 집으로 돌아올 때면 '오늘 하루도 많은 것을 접했구나'라는 생각으로 가슴 뿌듯한 감정을 느꼈다. 책은 목적을 갖고 읽는 것도 필요하다. 하지만 시간이 있을 때마다 틈틈이 다양한 책을 읽는다는 것은 마음의 양식을 비축하는 것임을 이때 알게 되었다.

대구중앙도서관

내가 아는 어떤 인사 이야기를 하나 할까 한다. 그는 시골에서 중학교를 졸업하고 대도시 고등학교에 진학하였다. 공부는 그런대로 잘했지만, 대도시에서 반 친구들 수준에 맞춰 나갈 수 있을까를 고민했다. 그러던 어느 날, 그는 결심했다. 학교 도서관에 있는 책을 진열 순서대로 모두 읽겠노라고! 이를 실천하기 위해 갖은 노력을 다해 책 읽기에 전념한 그는 고등학교를 졸업할 땐 우수한 성적을 거뒀고, 서울 법대에 진학하여 고등고시에 합격하였다. 그 이야기를 들으면서 대단한 경험담이라는 생각을 했다.

나는 서재와 사무실 등에 항상 책을 쌓아 두고 있다. 틈나는 대로 책을 읽는다. 이문열의 《삼국지》는 지금도 읽는 중이다. 회독 수를 셀 수 없을 만큼 읽고 있다. 재미있어서 읽고, 읽고 나면 내용 중 궁금한 것들이 자꾸 생겨서 또 읽는다. 자기계발서도 자주 읽는다. 스티븐 코비 박사의 《성공하는 사람들의 7가지 습관》은 손때가 묻고 낡아 있을 정도다.

모네상스 강신장 대표의 《감성의 끝에 서라》는 시인의 눈으로 세상을 보는 법을 소개한다. 그는 장석주 시인의 시 '대추 한 알'을 접하고서 이 책을 쓰게 되었다고 한다. 시인의 눈을 통해 보이지 않는 것을 보게 만드는 창조의 눈을 가질 수 있음을 전한다. 미국 실리콘밸리에서 산업디자인으로 크게 성공한 이노디자인 김영세 대표의 《PURPLE PEOPLE》은 창의적 아이디어를 바탕으로 창조에 도전하는 자신의 경험을 제시한다.

요즈음은 중국 고대 철학자인 장자가 쓴 책《장자》를 읽고 있다. 《장자》는 인류의 삶과 정치 철학 등이 오늘날 우리가 살아가는 이 시대와 유사한 내용이 많고, 일깨워주는 교훈도 많다. 읽을수록 즐거움을 느낀다. 평생 잊지 않고 해야 할 일이 책을 읽는 것이다. 좋은 운동이 육체의 근육을 만드는 것과 같이, 좋은 독서는 '생각의 근육'을 만든다고 한다. 부지런히 책을 읽는 것은 우리의 근본을 튼튼하게 만드는 것이라고 믿는다.

어떻게 읽을 것인가

책은 재미있게 읽어야 제맛이다. 재미있게 읽으려면 흔히 느끼는 책에 대한 고정관념을 버리는 것이 좋다. 책을 처음부터 끝까지 모두 읽어야 한다는 생각을 하지 말자. 책은 소중하고 귀하다는 생각도 말아야 한다. 과감히 모서리 접기도 하고 밑줄도 긋는다. 순서대로 읽을 생각을 하지 않아도 된다. 내 마음에 와닿는 부분을 집중해서 읽으면 된다. 읽고 있는 책 중 이해가 안 되는 부분이 있더라도 꼭 다시 앞쪽으로 갈 필요는 없다. 모든 책을 한 번에 다 이해하고 내 것으로 소화하지 않아도 된다. 책을 읽는 습관이 중요하다.

손 닿는 곳에 내가 읽을 수 있는 책을 두는 것은 책 읽기 습관을 기르는 좋은 방법이다. 나는 항상 손에 책을 들고 다닌다. 가방을 들 때면 두 권은 넣어 다닌다. 가까이하는 습관이 중요하기 때문이다. 서재, 거실, 침대 머리맡에 책이 있다. 내용이 달라도 닥치는 대로 읽는 편이다. 책은 가능한 한 많이 있으면 좋다. 읽지 않은 책이 책꽂이에 있다 해도 미안해할 것 없다. 죄책감에 시달리기보다는 언젠가는 읽을 책이라고 가볍게 여기는 편이 낫다.

대학 강의를 할 때 나는 학생들에게 다양한 분야의 책을 가능한 한 많이 읽으라고 주문했다. 책을 통해서 우리는 지식을 얻을 수 있고, 다양한 경험을 할 수도 있다. 또 그것을 통해 나 자신이 미래에 어떤 일을 하며 살아갈 수 있을까 생각하며 꿈과 비전을 찾을 수도 있다. 꿈과 비전은 내가 나로 살아가는 방향을 잡는 데 필요한 것이다. 내가 잘할 수 있고 무엇보다 좋아할 만한 부분을 찾아내어 평생직업으로 삼을 수도 있다. 그러자면 다양한 분야에서 지식이 필요하고, 지식은 책을 통해서 얻을 수 있다. 공무원 시험을 준비하려면 어떻게 공부해야 하는지, 그 방법을 물어오는 학생에게 나는 수없이 많은 시험을 치렀던 나의 경험담을 들려주었다.

"우선 필요한 과목의 책을 기본서로 준비하고 전체를 처음부터 끝까지 읽는다. 1, 2회독은 소설이나 만화를 보듯이 대강만 읽고 3회독부터 집중하여 읽는다. 예를 들면 총 5,000페이지일 때 하루에 100페이지를 읽으면 50일이 걸리고, 10회독을 하면 500일이 걸린다. 대부분의 객관식 시험이라면 10회독까지 안 가도 합격이 가능할 것이다. 그렇게 준비하면 1년이면 가능하고, 합격이 안 되었을 때는 같은 방법으로 1년을 더 투자하면 될 것이다."

지금은 그들이 어떻게 변해 있는지 알 수는 없지만 잘되었기를 바라는 마음이다.

책 읽기는 글쓰기다

책을 읽는다는 것은 결국에는 내가 글을 쓰는 것이다. 읽기와 쓰기는 교차되어 있다. 글을 쓴다는 것은 읽는 작업의 완성이다. 글쓰기는 표현의 힘이다. 동시에 자기 존재의 확장이라고 할 수 있다.

나는 네이버 블로그에 많은 글을 올린다. 페이스북에도 가끔 글을 게시한다. 페친들의 공감 정도를 보면서 생각이 많아진다. 글쓰기를 통해서 진정한 나를 발견할 수 있는 것 같다. 블로그 글에는 부동산에 관한 것도 있지만 내가 읽은 책을 바탕으로 쓴 일상적인 글도 있다. 처음엔 무척 어색해서 실망하곤 했지만 횟수가 늘어감에 따라 조금씩 나아짐을 느낀다. 글도 자주 써 봐야 익숙해진다는 것을 알게 되었다.

많은 책을 읽고 느낌을 모아 나의 글을 쓴다는 것은 소중한 일이다. 내가 아는 어떤 분은 일주일에 책 한 권을 쓴다고 한다. 놀라운 일이다. 그분은 책을 쓰기 위해 날마다 책을 읽으며, 장거리 출장 때는 차 안에서 보통 책 한 권을 다 읽는다고 했다. 시간, 장소를 구분하지 않고 책을 읽는다는 그분은 유튜브를 하고 있는데, 원고 없이 1인 방송을 하는 것으로 알려져 있다. 쉽지 않은 일이다. 해박한 지식과 거침없는 말솜씨는 아마도 열심히 책을 읽고 글을 쓰기 때문에 얻은 결과물일 것이다. 책 읽기와 글쓰기는 나를 진정한 나로 만들어 가는 첩경이다.

대인관계를 중시하라

대인관계를 어떻게 잘할 수 있나

인간은 태어날 때부터 타인의 도움과 보호가 필요한 의존적 존재이자 사회적 존재이다. 다양한 사람들과 상호작용을 맺어가면서 살아갈 수밖에 없다. 현대사회에 이르면서 그 중요성이 커지고, 인간관계의 도구와 기술, 관리 방법에 대한 관심이 높아지고 있다.

대인관계를 잘하기 위해서는 우선 상대방을 인정하고 존중하는 마음을 가져야 한다. 사람은 타고난 성격, 성장 배경, 주변 환경 등의 차이 때문에 저마다 다르다는 것을 아는 것이 중요하다. 그런데 대인관계에서 상대방을 존중하려는 노력을 하지 않는 경우가 많다. 상대방을 존중한다고 해서 내 자존심이 상처를 받는 것이 아닌데, 어떤 이들은 그렇게 느낀다는 것이다. 이는 대인관계를 잘못하는 것이다.

상대방에 대하여 내가 가지는 느낌과 사실을 착각하지 말아야 한다. 사실을 확인하려는 노력은 하지 않고 자신의 느낌으로만 평가함으로써 잘못된 시그널을 전달할 수 있다.

느낌과 사실의 구체적인 사례를 열거하고 구분할 필요가 있다. 느낌 중 사실이 아닌 것을 없애다 보면 상대방에 대한 부정적 감정보다 긍정적 감정이 훨씬 더 많아져 원활한 관계로 나아갈 수 있다. 중요한 것은 상대방을 선입견으로 단정 짓지 않는 것이다. 상대방을 한두 번 보고 안다는 것은 쉬운 일이 아니다. 잘 모르는 상대방에 대하여 잘못 단정 지음으로써 돌이킬 수 없는 오류를 범할 수 있다.

사람 보는 눈이 커져야 한다. 시야를 넓힌다는 의미이다. 내가 어떤 사람인지 긍정과 부정 모두를 잘 아는 것이 중요하다. 나를 정확히 보고 상대를 보면 시야가 넓어진다. 보는 눈이 커지면 보고 싶은 것과 보고 싶지 않은 것 모두를 봄으로써 대인관계를 잘할 수 있는 힘이 생겨난다.

자기계발 전문가 스티븐 코비 박사는 《성공하는 사람들의 7가지 습관》 중 네 번째 습관에서 "승 - 승을 생각하라."고 주문한다. 나와 상대방이 함께 승리해야만이 진정한 승리라는 것이다. 그러기 위하여 인간의 감정은행 계좌를 사례로 제시한다. 금융기관의 내 계좌와 같이 감정은행에서 입·출금이 끊임없이 발생하는데 입금이 많아짐으로써 상대방에 대한 존경과 배려의 마음이 생길 수 있고, 그 결과 상대방과의 관계가 좋아진다는 것이다.

코비 박사는 감정 계좌 출금의 예시로 '약속 어기기, 이기적인 행동, 뒷담화, 거만함, 원하는 것을 상대방에게 말하지 않거나 애매하게 말하기' 경우를 들고 있다. 대인관계에서 마이너스 요인이라는 것이다. 반면, 감정 계좌 입금의 경우는 '약속 지키기, 상대방에 대한 경청, 미안함·감사함을 말하기, 상대방이 원하는 것을 정확하게 말하기' 등을 제시한다. 나의 감정 계좌에 입금이 많아질수록 원만한 대인관계가 이뤄지고 그렇게 함으로써 승-승의 관계를 만들어 갈 수 있다고 한다. 좋은 대인관계를 만들어 성공하는 삶을 지속해 나감으로써 결국은 우리가 바라는 꿈을 이룰 수 있다.

대인관계는 타자와의 소통에서 시작한다

소통이란 한 나라의 문화를 만들고 바꿀 만큼 폭발적인 영향력을 가진다고 한다. 규모를 줄여서 보면 기업에서의 소통은 기업의 성패를 좌우한다. 사회생활의 영역에서 우리는 무수히 많은 사람과 만나며 교류하고 상호작용을 한다. 그 속에서 개인은 소통하는 기술이 부족할 경우 어려움을 겪게 마련이다. 때로는 생존이 어려울 수도 있다. 타자와 소통함으로써 공감 능력을 키우는 것이야말로 발전의 원동력이다. 소통의 경로가 차단되거나 소통이 원활하지 않을 때 상대를 이해하지 못하게 되고, 대인관계에 심각한 문제가 될 수 있다. 이로 인해 때로는 번민이 늘어나게 된다. 이러한 번민은 나이가 들수록, 속해 있는 조직이 거대할수록 더욱 가중된다. 소통 기술을 몸에 익히고 미래사회에서 활발하게 성장·발전해 나가려면 청소년기부터 가족을 비롯한 가까운 주변인들과 생각을 공유하고 의견을 주고받는 습관을 길러야 한다.

소통을 잘하고 싶다면 자신이 가진 것을 다른 사람에게 나눠주면서 관계를 맺어보라. 이는 또 다른 기회를 가져다줄 것이다. 자기관리를 철저히 하여 실력을 갖추고 타자와 나눔을 가질 수 있는 무언가를 늘려나가야 한다. 그럴 때 관계 맺기와 소통에서 우위를 점할 수 있다. 소통을 잘하기 위한 또 다른 제안은 늘 소통 채널을 열어두고 먼저 다가가는 것이다. 소통은 반드시 대면일 필요는 없다. SNS도 좋은 방법이다.

대인관계를 잘하려면 듣기를 잘하라

성공적인 대인관계를 위하여는 상대방의 말에 진정으로 귀를 기울여야 한다. 한 연구 결과에 의하면 듣는 사람의 반응과 이야기하는 사람의 말이 정서적으로 조화를 이루는 순간은 전체 대화 시간의 채 5%도 되지 않는다고 한다. 우리가 상대방의 말을 듣는다는 것이 상대방에게 동의한다는 것을 뜻하지는 않는다. 단지 상대의 관점도 타당할 수 있다는 사실과 상대에게도 배울 만한 점이 있을 수 있다는 사실을 받아들이는 것을 의미한다. 다수의 진실이 존재할 수 있다는 사실과 그 모든 진실을 다 이해할 경우 더 큰 진리에 도달하게 될 수도 있다는 사실을 받아들이는 것을 의미한다. 듣기 능력이 훌륭한 사람은 이해의 과정이 이분법적이지 않다. 즉 이해라는 것은 하거나 못 하거나의 문제가 아니라 언제든 향상될 수 있는 것이다. 상대의 말을 잘 들어주는 것은 대인관계를 잘하는 좋은 방법이다.

마음껏 상상하라

상상한다는 것

　우리가 상상한다는 것은 무엇인가? 상상은 구체적으로 상상하는 능력, 즉 상상력으로 나타난다. 상상력이란 현실에서 만날 수 없는 세계, 즉 지각에도 없고 기억에도 없는 새로운 세계를 구체적으로 표현하는 능력을 말한다. 상상력은 특수한 현상과 보편적인 예술 이념과 종합하여 자연계에서 볼 수 없는 새로운 것을 창조하게 된다.

　19세기 낭만주의가 유행할 때는 예술 창작에 있어 이성의 역할을 전적으로 부정하고 오로지 상상만이 본질적 실재에 도달할 수 있다고 믿었다. 예술이 현실의 단순한 모방보다는 새로운 표상을 제시하는 영혼의 감성을 중요시한다는 점에서 상상력이 갖는 새로운 창조의 힘에 더 큰 의미를 두었다.

　이런 점에서 상상력은 영감이나 직관과 비슷한 의미가 된다. 상상력은 체험을 표현하는 의식의 한 양식으로서 기능한다. 우리가 체험하지 않은 것은 사유할 수 없다.

따라서 상상력이란 단순한 것이 아니다. 존재하지 않는 새로운 것을 만들어내는 사유의 기능만을 의미하는 것이 아니라, 오히려 제작의 모든 과정에 들어가 체험의 잡다한 요소들(감각·정서·의미 등)을 융합하게 하고, 생기를 주어 창조를 가능하게 하는 기능을 하는 것이다.

상상력을 발휘하려면

상상력을 잘 발휘한다는 것은 대단한 일이다. 무에서 유를 창조하고, 과학과 예술 등 우리 삶의 여러 분야를 발전시키는 원동력이 되기 때문이다. 그중에서 내가 이야기하고 싶은 것은 '시(詩)'이다. 문학에도 상상력이 필요한 여러 장르가 있지만, 그중에서도 특히 시는 짧은 몇 글자 안에 시인의 마음, 시인의 상상력을 불어넣어야 하기 때문이다. 시인은 상상의 힘으로 놀랍고도 새로운 이미지를 만들어내는 사람이다. 상상력을 통해 보이지 않는 것을 보고, 같은 사물을 남들과 다르게 보는 능력을 갖고 있다.

상상력은 결국 창의·창조력과 연결된다. 모네상스의 강신장 대표는 그의 저서 《감성의 끝에 서라》에서 장석주 시인의 시 '대추 한 알'을 소개한다. 내 안에 숨겨진 상상력과 창의력을 발현하기 위해 사물과 내가 하나가 되는 '일체화'를 제안한다. 나와 사물의 일체화는 발상의 전환이자, 창의와 혁신으로 가는 '초월의 길'로 들어서는 것이라고 강조한다. 시인은 '대추 한 알'에서 그 자신이 벽이 되고, 하늘이 되고, 바람이 되고, 대추가 된다. 우리는 일체화를 통해 시인처럼 상상하고 그로 인해 내 안의 새로움을 찾아내는 새로운 경험을 할 수 있다고 한다.

7

또 다른 나를 찾아서

의미 있는 삶이란 232
건강하게 산다는 것 236
끊임없이 배운다는 것 241
무엇을 남길 것인가 247

의미 있는 삶이란

　인간은 누구나 태어나서 죽는다. 생명체 중에 영원한 것은 없다. 부정할 수 없는 이치이다. 한평생을 살아가는 우리의 삶 속에는 허무한 날이 있는가 하면 보람 있는 날도 있다. 보람 있는 삶을 통해 행복을 느낄 수 있다. 행복한 기분을 갖는다는 것은 자기 기분이 좋은 상태를 말한다. 일시적인 상태가 아니라 상당 기간 지속되는 기분 좋은 상태에서 진정한 행복을 누릴 수 있을 것이다. 무슨 일이든 소명의식을 갖고 의미 있는 일을 마쳤을 때 우리는 행복감을 느낄 수 있다.

　또, 우리는 스스로 하고 싶은 일을 찾아 함으로써 보람 있는 삶을 살 수 있다. 나이가 들었다고 해서 염려할 것은 없다. 연령대별로 해야 할 일이 있기 때문이다. 100세를 넘긴 김형석 교수는 "살아보니 인생의 황금기는 60세부터 75세까지였다."고 회고한다. 그 이상도 가능할 것이다.

나는 왜 사는가? 나의 삶은 왜 이렇게 구차하고 힘이 드는가? 이런 질문을 스스로에게 할 때가 있다. 일이 순조롭게 풀릴 때는 그런 생각이 없다가도 시련을 만나거나 일이 꼬일 때 그런 생각을 하게 된다. 우리는 모두 제한된 시간만을 살다 간다. 그것은 모두에게 공평한 일이다. 우리의 삶은 그냥 왔다 가는 것이 아니라 우리 스스로가 만들어 가는 것이다. 삶을 만들어 가는 방법은 여러 가지가 있겠지만 보통은 일을 통해 만들어 간다. 우리가 하는 일은 몸과 마음과 정신의 표현이다. 우리가 진정으로 추구하는 것은 쾌락이나 권력이 아닌 진정한 자유여야 한다. 우리는 일에서 자유를 느낄 수 있다. 우리가 마음껏 누리는 자유는 물질적 궁핍 속에 있다고 한다. 삶을 의미 있게 살려면 의미를 내 안에서 찾고자 하는 자신의 의지를 발견해야 한다.

남은 생애 동안 무엇을 하면서 무엇을 위해 살 것인가? 스스로에게 묻는다. 한 가지 일관된 나의 생각은 바쁘게 살고 목표와 계획을 가지고 사는 것이다. 열심히 생활하고 부지런히 일하는 것은 하나의 선택이며, 태도이고 행동이다. 주변에 대한 호기심과 궁금증의 발동이다.

정신과 의사이자 《죽음의 수용소에서》의 저자 빅터 프랭클은 "의미는 만드는 것이 아니라 발견해 내는 것이며, 언제 어디서나 현재의 순간에 있다."고 한다. 우리가 하는 모든 것은 매 순간 의미가 있다. 의미는 우리가 보고, 듣고, 만지고, 맛보는 것으로 항상 우리 속에 있다. 삶은 생을 마감하는 순간까지 의미가 있다. "나는 어떻게 기억되기를 원하는가?"에 집중하면 삶의 의미 찾기는 보다 쉬워질 것 같다.

내가 생각하는 의미 있는 삶이란 나만의 삶의 이정표를 정하고 정해진 일에 헌신하는 것이다. 자신의 조그마한 성취에 몰두하지 않고 외부 세상과의 상호작용을 지속해 나가는 것이다. 나 이외의 타자를 의식하고 그들과 세상에 대해 내가 어떤 기여를 할 것인지를 생각하며 사는 삶에서 의미를 찾을 수 있을 것이다.

내가 부동산중개업을 시작한 것도 이것과 무관하지 않다. 사무실을 찾는 모든 고객을 대할 때도 부동산 매도, 매수의 당사자가 곧 나라는 마음으로 임한다. 고객의 어려움을 귀담아들어 주고, 가능한 한 도움을 주려고 한다. 고객이 실제로 만족스럽다며 감사의 인사를 전해왔을 때, 무척 기뻤다. 동시에 자존감도 높아지는 듯했다. 이 일을 시작한 것은 잘한 일이라는 생각이 들었다.

나는 유튜브를 즐겨 시청한다. 정치, 사회, 문화 등 시대적 현안을 적나라하게 다루고 있다. 그런데 많은 경우에 이념 논쟁이 주류를 이룬다. 나는 이념 논쟁에 치우치지 않으려고 애쓴다. 내가 독립적인 주체로 존재하기 위해서이다. 기준이 있는 삶을 영위하기 위해서이다. 용기 있고 창의적인 사람으로 거듭나기 위해 노력하고 있다. 용기는 자기로부터 나온다. 독립적인 나로 서 있을 때 창의력이 생긴다. 창의·창조력은 생이 끝나는 날까지 잊지 말아야 할 가치이다. 의미 있는 삶을 위한 근본이다.

윤동주 시인은 '서시'에서 이렇게 말한다.

    죽는 날까지 하늘을 우러러
    한 점 부끄럼이 없기를

    - 중략 -

    별을 노래하는 마음으로
    모든 죽어가는 것을 사랑해야지
    그리고 나한테 주어진 길을
    걸어가야겠다.
    오늘 밤에도 별이 바람에 스치운다.

        ※ 윤동주 시집 〈하늘과 바람과 별과 시〉 중에서

건강하게 산다는 것

우리는 누구나 건강한 삶을 원한다. 건강하게 산다는 것은 축복이다. 건강하게 살고 싶다고 해서 건강해지는 것은 물론 아니다. 꾸준한 노력이 필요하다. 인간은 무슨 일을 통해 변화를 가져옴으로써 나와 내 주변, 그리고 사회와 국가에 이바지하는 생명체다. 내가 무엇을 한다는 것은 의미 있는 일이다. 우리가 무엇을 한다는 것은 내 안에 호기심과 궁금증이 있기 때문이다. 호기심과 궁금증은 내가 나로 살아가는 데 필요한 요소이다.

이 글을 쓰기 위해 지난 2000년도 이후 일기를 읽어보았다. 병원을 집 드나들 듯했던 기록을 보고서 스스로도 놀랐다. 일기에는 "오늘은 병원을 다녀왔다. 내일은 마음을 다잡아 업무에 더 열중해야 한다."는 내용의 각오를 적고 있었다.

2005년 어느 날, 정기 건강검진을 받기 위해 대학병원을 찾았다. 검진 결과를 설명하는 담당 의사는 내게 '폐암유전자 양성반응'이 나왔다고 했다. 그럴 리가 없다고 생각하며 어떻게 해야 하는지를 물으니 "우리 병원에 페트라는 암검진 기기가 도입되었는데, 이 검사를 하면 머리끝에서 발끝까지 모든 암의 유전자를 확인할 수 있다."고 했다. 곧바로 검사를 신청하였다. 속마음은 타들어 가는 듯했다. 검사비는 100만 원으로 큰돈이었지만 이 기회에 종합 암 검진을 받는 것은 나쁘지 않은 일이라고 애써 태연해했다. 일주일이 지나 검사를 받게 되었다. 다시 일주일 후 결과를 보러 오라고 했다.

검사를 마치고 나는 아내와 함께 차를 타고 동대구IC를 통과하여 경부고속도로 서울 방면으로 차를 몰았다. 아내와 속 깊은 대화를 나눠야겠다는 생각에서였다. 칠곡휴게소에 차를 세웠다. 우리 부부는 휴게소 주차장 차 속에서 대화를 이어갔다. 검사결과가 어떻게 나올지는 알 수 없지만, 혹여 잘못된 결과가 나온다면 큰일이었다. 불현듯 아내와 두 딸이 나 없는 세상에서 살아간다는 생각에 미치자 하염없이 눈물이 흘러내렸다.

그리고 일주일 뒤, 결과를 보러 병원에 갔다. 담당 의사 옆에서 설명을 듣는데 결론은 아무 이상이 없다고 했다. 표현하기 어려울 만큼 날아갈 듯한 기분으로 병원문을 나섰다. 삶과 죽음의 갈림길에서 삶을 선택받은 것이다. 마음도 편안했고 업무에도 더 매진할 수 있었다. 건강을 위해 시간을 쪼개서라도 운동을 더욱 열심히 해야 한다는 각오도 다졌다.

운동을 한다는 것은 호기심과 궁금증이 발동된 나의 자발적 의지가 있기 때문에 가능한 일이다. 건강한 삶을 유지하려면 끊임없는 운동이 필요한 것 같다. 물론 건강식을 하는 것도 중요하다. 반드시 어떤 운동을 해야 한다고 정해진 것은 없다. 몸을 움직여 신체를 단련하는 것이면 무엇이든 좋을 것이다.

나는 운동을 좋아하는 편이다. 나에게는 그런 DNA가 있는 것 같다. 중·고등 학교 때는 태권도를 했다. 많은 사람이 학창시절에 한두 번씩 그런 운동을 경험했을 것이다. 학창시절 운동은 건강을 생각해서라기보다는 그냥 좋아서 했다. 공직을 시작하던 포항에서는 유도관을 찾았다. 대구에서는 검도를 즐겼다. 공인 2단 자격을 취득하였다.

대구에 황죽회라는 검도 유단자 모임이 있었는데, 그 멤버였다. 다양한 직업을 가진 검도인들과 검도 수련을 하면서 상호교류를 했다.

산부인과 원장 전ㅇㅇ, 부동산업을 하던 임ㅇㅇ, 내과병원 원장 손ㅇㅇ 등 수많은 검도인을 만나 교류했다. 도청 내부에는 검도 7단의 함ㅇㅇ이 독보적인 존재였다. 유명을 달리하신 장ㅇㅇ은 든든한 선배로서 공직에 있는 동안 그리고 퇴직 이후에도 내가 많이 의지했던 분이다.

무슨 운동이든 상대가 있는 것은 힘들기 마련이다. 검도는 상대가 있는 운동 중에서도 특히 활동량이 많은 운동이다. 대부분의 운동은 그 시간 만큼은 일체의 다른 생각 없이 거기에 몰입할 수 있어서 좋다.

지금은 매일 아침 일찍 동네 헬스장을 찾는다. 헬스장은 기초체력을 유지하고 단련하는 데 그 이상 좋을 수가 없다. 운동은 내가 마음 속 깊이 새기며 사는 매우 중요한 일이다. 나는 이 일을 생이 끝나는 날까지 지속해야겠다는 다짐을 한다. 나의 건강은 가족에게 소중한 일이다. 이웃과 사회에 도움 되는 일이기도 하다. 운동을 통해 모두가 건강한 삶을 누렸으면 좋겠다.

끊임없이 배운다는 것

배움이란 무엇인가

　무엇을 배운다는 것은 아직 나에게 덜 갖추어진 것을 아는 것이다. 많이 배운다는 것은 내가 더 자유로워지는 것이다. 타자보다 모르는 것이 많을 때 우리는 불편을 느끼고 동시에 그 타자로부터 자유로울 수 없다. 우리의 배움은 끝이 없다. 무엇을 배울 것인가는 정해진 것이 없다. 나에게 부족한 부분이면 무엇이든 좋을 것이다. 동시대를 살아가는 우리에게 배움이란 삶을 풍요롭게 하는 요소이다. 무엇이든 한꺼번에 성취할 수는 없다. 천릿길도 한 걸음부터 시작한다. 시작하는 처음이 있어야 마지막을 맞이할 수 있다.

　하지만 무엇을 시작할 때는 위기도 따르고 예전에 경험하지 못한 도전과제에 직면하기도 한다. 도전하기도 전에 한계를 의식하면 그 도전은 거기서 멈추기 마련이다. 한계를 넘어서는 보다 확실한 방법은 우선 한계지점까지 가보는 것이다. 시작은 언제 할 것인가? 바로 지금 이 순간이다.

대학원 석사과정

나의 석사과정은 1983년 영일군청 재직 때 시작되었다. 직장에서 대학졸업자를 찾기 어려운 시기였고, 방송통신대학이 있어 많은 구성원이 입학을 하던 때였다. 나는 큰 결심을 했다. 더 나은 나를 위해 공부를 더 해야겠다는 각오를 새롭게 하고 경북대학교 행정대학원 석사과정에 등록을 하였다. 물론 영어와 일반 소양에 관해 입학시험을 치렀다. 1980년 행정대학원이 설립된 직후 등록을 생각했지만 등록금 등 고려할 요소가 많아 포기하고 3년이 지난 시점에 등록을 했다. 그 무렵 아내를 만나 결혼도 하였다. 직장에서 석사를 찾기 힘든 그때 대학원 석사를 시작한다는 것은 무모하게 보일 수도 있었다. 하지만 잘한 결정으로 자부심을 가졌다.

그런데 1987년 도청에 전입하고 나니 직장으로부터 장학금을 받으며 대학원에 다니는 직원들이 있었다. 좀 더 기다려 혜택을 받았으면 좋았을 것이란 생각을 했다. 대학원을 다닐 때 어려움이 정말 많았다. 신혼집이 있는 안강에서 대구 산격동 경북대학교까지는 두 시간 반이 걸렸다. 일주일에 두 번 출석을 했다. 교통수단이라 해봐야 시외버스가 전부인 그때 화, 목요일이면 어김없이 학교를 갔다.

그런데 문제가 생겼다. 내가 속한 부서의 과장이 내가 학교 가는 것을 무척 싫어했다. 학교를 다녀온 다음 날이면 어김없이 나를 불렀고, 그때마다 나는 꾸지람을 듣곤 했다. 학업과 일 중 하나를 선택하라고 했다. 심적으로 힘들었고 어찌할 바를 몰랐다. 그때마다 죄송하다는 말만 되풀이했다. 그렇게 시간을 보내던 어느 날, 옆 좌석의 계장이 나에게 과장집을 찾아가서 사정을 설명하고 부탁을 하라고 했다. 그날 저녁 양주 한 병을 사들고 과장집을 찾았다. 어렵게 시작했는데 학교 가는 일을 양해해 달라고 했다. 그리고 맡은 업무는 한 치의 오차도 생기기 않도록 잘 챙기겠다고 했다. 그 다음부터 학교를 다녀와도 과장이 부르지 않았다. 세상은 이렇게 만들어졌구나를 되뇌이며 한 수 배웠다는 안도감으로 학업을 이어갔지만 그 효과는 오래가지 못했다. 그리고 과장이 바뀌었다. 그 과장도 다를 바 없었다. 하지만 조직에서의 지휘 감독자는 책임감 등으로 업무에 차질이 있을까 걱정할 수도 있겠다는 생각을 했다.

천신만고 끝에 2년 반 기간의 석사과정을 마쳤다. 수료 후 매주 토요일이면 대구 수성구에 살던 지도교수를 찾아 논문심사를 받았다. 그리고 6개월이 지난 1986년 2월, 그리던 석사학위를 받았다. 스스로가 자랑스러웠다. 아내도 그때 직장을 다니고 있었는데, 내 뒷바라지를 하느라 고생이 많았다. 이 지면을 통해 아내에게 감사드린다.

대학원 수업이란 3시간여를 모두 공부만 하는 건 아니었다. 소위 '3교시'라는 모임이 있었다. 신암동 동대구우체국 뒷골목 소줏집에서

3교시가 있었다. 직업도 다양하고 성품도 각각인 동료들과 세상 이야기를 하며 즐거운 시간을 보냈다. 대구시와 경북도청 간부 직원이 많았고, 전기통신공사 직원, 경찰, 기타 공직들이 있었다. 3교시를 마치고 집으로 돌아 올 때면 마지막 버스가 이미 출발할 때가 많았다. 그럴 때면 소위 총알택시를 타고 귀가하거나 수성구에 사는 처 이모님 댁을 찾아 신세를 지기도 했다. 석사학위 취득은 시작이 있으면 끝이 있게 마련이라는 교훈을 주었다.

그리고 박사과정

박사과정의 시작은 대구대학교 고익환 교수님의 영향 때문이었다. 내가 도청 인재양성과장 시절 인연을 맺은 교수님이 하루는 석사를 마쳤으니 박사과정에 등록하는 게 좋겠다고 하셨다. 훌륭하신 지도 교수님도 소개해주겠다고 하셨다. 아내에게 설명을 하니 처음에는 반대했다. 퇴직도 멀지 않았는데 박사학위를 받아 어디에 써먹을 수 있겠느냐는 것이었다. 등록금 걱정도 되었을 테고 실제 써먹을 일은 없을 것이란 생각을 했을 것이다. 아내의 생각을 이해는 하였지만 박사학위를 취득한다면 퇴직 후에라도 혹시 기회가 올 수 있지 않을까? 무엇보다 인생 후반기 훨씬 높은 자존감으로 남은 생을 의미있게 살아 갈 수 있을 것이라는 생각은 있었다. 이후에도 교수님은 서너 차례 박사과정 등록을 제안하였다. 아내를 설득한 끝에 교수님 뜻에 따르기로 하고 대구대학교 대학원에 등록을 하였다. 2010년의 일이다.

수업은 야간이었고, 초기에는 늦은 밤까지 학업에 전념하였다. 늦게 다시 시작한 공부는 남다른 의미를 안겨주었다. 자부심으로 충만했고 박사학위를 받는다면 학교 공부는 이제 마지막이 될 것이라는 생각으로 마음은 들떠 있었다. 그리고 대학원 입학 전 상주시에 근무하던 터라 처음 접하는 조직에서 업무도 익혀야 했고 지역도, 사람도 알아야 했다. 그래도 토요일이면 학교 가는 일을 게을리하지 않았다. 4학기 박사과정을 무사히 수료하였다. 박사 논문은 쓸 생각도 없었다. 수료하는 것만으로 만족하기로 했다.

그런데 갑작스럽게 상주 부시장직에서 퇴직을 해야 했다. 정년을 2년 2개월을 남긴 시점이었다. 퇴임식을 마치고 잠시 공백이 있었다. 그리고 상당한 시간이 지난 후 경북테크노파크에 인력을 충원한다는 소식을 접하고 응시하였다. 서류전형과 면접을 거쳐 입사하게 되었

다. 조직 분위기를 익히고 업무 성격을 어느 정도 익히고 보니 시간적 여유가 생겼다. 박사학위 논문을 준비하기로 했다.

6개월간 논문에 집중하여 꿈에 그리던 박사학위를 받았다. 무언가 새로운 일을 해냈다는 것에 자부심을 느꼈고 그동안 힘들었던 지난날의 온갖 일들이 주마등처럼 뇌리를 스쳐 지나갔다. 경북테크노파크 임기가 만료되었고, 대구대학교 산학협력단 초빙교수와 행정대학에서 겸임교수, 대구사이버대학 행정학과에서 강의를 하였다. 대학 연구동에서 교수실을 지원받고 강의에 전념할 땐 박사학위를 받은 게 정말 잘한 일이라고 스스로를 위로했다. 많은 학생들을 만나면서 내가 아는 조그마한 지식을 그들에게 전해줄 수 있어 행복했다.

무엇을 남길 것인가

모든 일은 지금부터다

사람들은 "늦었다고 할 때가 가장 빠르다."라는 문구를 들어 새로운 결심을 하거나 남을 위로하는 말로 대신한다. 팀 팰리스의 저서 《지금 하지 않으면 언제 하겠는가》는 지금이라는 시제를 금과옥조로 여긴다. 나는 33년여의 공직생활을 했고, 그 후 공공기관에서 기업과 경제를 배우면서 보낸 세월이 적지 않았다. 대학에서 학생들을 만나 그때의 이야기를 들려주었다. 이제 아무것도 할 것이 없을 거라는 생각을 하다가도 그게 아님을 깨닫곤 한다. 감히 지금부터라고 말하고 싶은 것이다.

인간의 수명은 그 끝이 어디일지 모를 정도로 늘어나고 있는 추세다. 비단 우리나라만의 현상은 아닌 것 같다. 의학기술의 발달과 건강에 대한 관심이 지대해진 결과일 것이다. 사회복지사 자격을 취득하기 위해 2012년에 대구사이버대학교 3학년에 편입하였다. 사회복지사가 되기 위한 책을 읽다 보니 이제까지 살아오면서 접했던 업무와 독서 등등 모든 것들이 책 속 내용과 상통한 면이 있어 놀라웠다. 사회복지사 자격을 취득하면 '자격증을 가진 복지부문 봉사자'가 될 수 있을 것이다. 그냥이라도 봉사를 하면 될 테지만 자격증을 가진 봉사자가 더 어울릴 것 같았다.

요즘은 인문학에도 관심이 간다. 최재천 교수의 〈생명, 그 아름다움에 대하여〉, 강영안 교수의 〈죽음의 연습〉, 윤영호 교수의 〈의미 있는 삶, 아름다운 마무리〉 등은 삶과 죽음에 관한 의미 있는 강좌다. 이들 강사들과 직접 만날 수는 없더라도 향후 부단한 학습을 통해 주로 〈노인들의 삶과 인생〉에 대한 이야기를 전해줄 수는 없을까를 생각해 본다. 뜻깊은 일이 될 것 같다. 그런 소박한 꿈을 안고 앞으로 앞으로 나아가고자 한다. 고전에 대한 이해를 위해 사마천의 《사기》를 읽고, 《장자》를 즐겨 읽는다. 사기는 당시의 중국 문명을 이해할 수 있어 좋고, 사마천이라는 대학자의 사상을 통해 지식의 폭을 넓힐 수 있어 좋다. 《장자》를 통해서는 중국의 고대 철학 사상을 이해할 수 있어 좋다.

95세 할아버지의 일기

2008년 도청 인재양성과장 시절 평생교육 업무를 담당한 바 있다. 평생교육이 공무원의 업무로 취급된 건 그리 오래되지 않았지만, 활성화를 이루기 위해서는 갈 길이 멀게 느껴졌다. 그래서 기회가 있을 때마다 교육부에 지원을 요청하곤 했다. 경상북도가 평생교육의 선도기관으로 자리매김할 수 있도록 열정을 가지고 일했다.

2009년 봄으로 기억한다. 서울 서초구 방배동에 소재한 교육공무원교육원에 출강하여 평생교육을 주제로 세 시간짜리 강의를 한 적이 있다. 경상북도의 평생교육 추진사례를 소개하는 내용이긴 했지만, 중앙부처 교육원에서 강의를 한다는 자체가 의미 있는 일로 생각되었다. 평생교육에 대해서만큼은 최고의 전문가가 되어야겠다는 생각을 가지고 열정적으로 일했다.

당시 경상북도 평생교육 사업을 위해 도움을 주신 분 중 경상북도교육청 임○○ 부교육감을 떠올리지 않을 수 없다. 교육부 평생교육국장 출신으로 경북교육청 부교육감 재직시 경상북도를 적극적으로 홍보해 주시고 평생교육 업무는 물론, 관련 행사에도 참석해 주시는 등 도움을 많이 주셨다. 그때 당시 평생교육을 활성화하기 위해 많은 아이디어를 제안하였는데 현재도 진행 중인 '마을평생교육리더' 양성 프로젝트 사업은 당시 경상북도가 아이디어로 제안한 항목들이다.

그리고 많은 아이디어를 제공했던 전문가로 대구대학교 김○○ 교수를 꼽을 수 있다. 김 교수는 전국평생교육협의회 회장을 역임한 바 있다. 경상북도 평생교육포럼 구성·운영도 김 교수님의 아이디어에서 나온 것이었다. 경상북도 평생교육진흥원을 대구대학교에 위탁·운영한 것도 그런 전문가가 있기 때문일 것이다.

한편 나는 평생교육 업무를 담당하면서 당시 인터넷상에서 매우 의미 있는 기사를 접하게 되었다. 이름하여 〈95세 할아버지의 일기〉이다. 제목과 내용이 일부 다르게 표현될 수는 있겠지만 내용인즉, 65세 정년을 지낸 95세 할아버지가 자신의 생일날 가족들이 함께한 자리에서 영어공부를 하겠다고 선언하며 그 이유를 밝힌 것이었다. "정년퇴직 이후 30년이란 세월이 지났는데 돌이켜보니 지난 30년간 아무 일도 해놓은 게 없다. 앞으로 20년을 더 살았을 때 또 후회할 것 같아 영어공부를 지금 시작하려고 한다."는 게 그 이유였다. 평생교육의 의미를 함축한 말인 것 같아 큰 의미를 부여하고 싶다.

인재양성과장 재직시 평생교육의 중요성을 직접 보여주고 싶었다. 그래서 시작한 것이 평생교육사 시간제 강의 등록이었다. 그 덕에 평생교육사 2급 자격증을 취득하게 되었다. 한 학기 2과목씩 2년 6개월을 공부하여 얻은 결과물이다. 평생교육사 자격증을 잘 활용할 수 있으면 좋겠지만 그런 것은 중요하지 않다. 생계를 수단으로 자격증을 취득한 것은 아니기 때문이다. 행여 그런 분야에서 재능기부 형태로 일을 할 수 있으면 좋을 것이고, 그렇지 않더라도 관계는 없다. 95세 할아버지의 고백처럼 그런 정도의 의욕을 불태우는 삶을 살고자 한다.

이런 사람으로 기억되자

2006년도로 기억한다. 사단법인 영남리더십센터가 주관하는 리더십 교육을 받을 기회가 있었다. 교육기간은 6개월인데 일주일에 한 번 참석하였다. 주된 내용은 자기경영 내지 자기계발 프로그램이었다. 스티븐 코비 박사의 '성공하는 사람들의 7가지 습관'이 교육 내용 중 많은 부분을 차지하였다. 흥미로웠고 시간이 갈수록 빠져드는 분위기였다. 당시 강사진으로 대구대학교 인문대학 고○○ 교수와 경북과학대학교의 김○○ 교수가 주축을 이루었다. 도청에서는 남○○ 과장과 내가 함께 수강했다.

교육과정에 자기 사명서를 작성하는 시간이 있었다. 자기 사명서를 작성하여 교육생들이 함께하는 자리에서 낭독을 하는 수업이었는데, 나도 '나의 사명서'를 작성하였다. 내용인즉슨 "나는 몸가짐은 어떻게 하고, 가장으로서는 어떤 사람이 되고, 아버지와 남편으로서는 무엇을 어떻게 하고, 또한 이웃과 지역사회를 위해서는 어떻게 할 것인가?"를 실천 가능한 내용 중심으로 정리하는 것이었다.

사명서와 관련한 이야기를 하다보니 경북TP 재직 당시의 일이 생각난다. 기업지원단 팀장들과 '우리의 사명서'를 만들어 보면 어떻겠

냐고 제안을 했다. 말이 제안이었지 그렇게 하고 싶었다. 그래서 며칠간의 여유를 주며 우리 조직의 사명서를 생각나는 대로 만들어 보자고 했다. 나도 물론 독자적으로 나름의 사명서를 적어 보았다. 그래서 만든 것이 기업지원단의 '우리의 사명서'이다. 나는 사명서 첫 번째 항목을 이렇게 제시했다. "우리는 기업지원단을 찾는 사람에 대해 자리에서 일어서서 먼저 용건을 묻는다." TP를 방문하는 사람이 기업인이건 일반인이건 누구라도 편안한 마음으로 대화를 나눌 수 있도록 하기 위함이었다. 그런데 얼마 전 TP를 방문할 기회에 기업지원단장실을 찾아갔는데 단장실은 다른 곳으로 이전을 했고 '우리의 사명서'는 사라지고 없었다. 어쩌면 당연한 일이겠지만 조금은 서운했다. 하지만 말할 수 없었다.

최근 나는 나의 사명서를 새로 적어 보았다. 각 항목을 모두 제대로 실천하기란 쉽지 않은 일일 수도 있다. 하지만 문서로 만들어 곁에 두고 실천하려고 노력하고 있다. 그렇게 노력하다 보면 서서히 바라던 모습으로 변해 갈 수 있을 것이라는 생각을 한다. 수차례에 걸친 공무원 교육을 통해서도 그런 경험을 얻었지 않은가. 지난날의 사명서는 그동안 세월이 지났을 뿐 아니라 많은 부분에서 의미가 없어진 면이 있다. 하지만 이번 기회에 다시 적은 나의 사명서는 앞으로 내가 실천하며 살아가고픈 나와의 약속이자, 간절한 바람이다.

새로이 적어본 나의 사명서

> 1. 나는 아내에 대해 더 많이 배려하고 즐거움을 많이 주는 남편이 된다.
> 2. 나는 두 딸의 의견을 잘 들어주고 더불어 믿음직한 아버지가 된다.
> 3. 나는 주변 사람들과 더욱 친밀한 관계를 유지한다.
> 4. 나는 영업 중인 사무실에서 고객에게 친절하고 봉사하는 마음으로 일한다.
> 5. 나는 내가 하는 행동을 통해 내 주변과 지역사회에 도움이 되는 사람으로 기억된다.

황규관 시인은 시 '마침표 하나'를 통해 다음과 같이 적고 있다.

> 어쩌면 우리는
> 마침표 하나 찍기 위해 사는지 모른다
> 삶이 온갖 잔가지를 뻗어
> 돌아갈 곳마저 배신했을 때
> 가슴 깊은 곳에서 꿈틀대는 건
> 작은 마침표 하나다
> 그렇지, 마침표 하나면 되는데
> 지금껏 무얼 바라고 주저앉고
> 또 울었을까

소멸이 아니라

소멸마저 태우는 마침표 하나

비문도 미문도

결국 한 번은 찍어야 할 마지막이 있는 것,

다음 문장은 그 뜨거운 심연부터

아무리 비루한 삶에게도

마침표 하나,

이것만은 빛나는 희망이다

　　　　　　※ 황규관 시집 〈패배는 나의 힘〉 중에서

　나에게 주어진 삶 동안 '빛나는 희망'의 마침표를 찍을 수 있도록 최선을 다하는 삶을 살리라.